Klang der Seele

Arnold
Mettnitzer

Klang der Seele

Sinn suchen, trösten, ermutigen in Psychotherapie und Seelsorge

:STYRIA

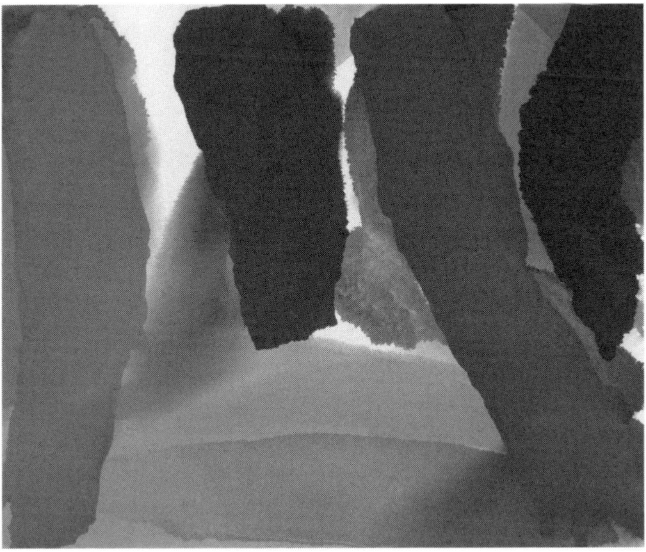

Gottfried Mayrwöger, Lanson

glut trinken und licht schlürfen
bis zur klage
über den verlust meiner augen

Inhalt

„Ich habe den Sinn meines Lebens darin gesehen,
anderen zu helfen,
in ihrem Leben einen Sinn zu sehen."

Viktor Frankl

Zur Einstimmung

„Als der Tag des Pfingstfestes vollends gekommen, waren alle gemeinsam am Ort. Und es geschah: Plötzlich kam aus dem Himmel ein Brausen – wie von einherfahrendem gewaltigem Schnaufen. Und es füllte das ganze Haus, darin sie saßen. Und sichtbar wurden ihnen – sich verteilend – Zungen wie von Feuer. Und sie setzten sich auf jeden von ihnen. Und voll heiligen Geistes wurden alle. Und ihre Zungen begannen anders zu reden – wie der Geist es ihnen kund gab.
In Jerusalem aber wohnten Juden, ehrfürchtige Männer aus allen Völkern unter dem Himmel. Als laut ward dieses Rauschen, lief die Menge zusammen und ward verwirrt, da ein jeder sie reden hörte in seiner eigenen Sprache. Sie waren außer sich und sagten staunend: Nein – da! Die hier reden – das sind allsamt Galiläer! Und wieso hören wir jeder unsere Sprache, in der wir geboren sind? ... Sie waren alle außer sich und wussten nicht ein noch aus – sagte einer zum andern: Was mag das sein? Andere aber machten sich lustig und sagten: Von Süßwein sind sie vollgelaufen!“[1]

Als Gegenbild zum Turmbau von Babel und die daraus entstandene Sprachenverwirrung erzählt die Bibel in ihrem Zweiten Testament die ewig junge Pfingst-Geschichte: Aus allen Himmelsrichtungen sind Menschen zusammengekommen; sie finden füreinander eine Sprache und erleben sich als große „Symphonie der Feuerzungen“ in einem so noch nie erlebten Miteinander: „Voll heiligen Geistes“ verstehen sie einander. Darüber geraten sie selbst außer sich. Sie können es nicht fassen, wie leicht es sein kann, einander zu verstehen ...

In meinem Buch „Couch & Altar“ hatte sich ein Kapitel ergeben, in dem die Sehnsucht nach dem Wort und seiner heilenden Kraft im Mittelpunkt des Interesses stand. Im Rückblick ist es der verletzlichste, aber der mir kostbarste Teil des Buches geworden. Wenn ich mich diesem Thema nun in einer weiteren Arbeit widme, dann nicht ohne eine gewisse Naivität und Arglosigkeit, sonst wäre mir das Thema auch als Stückwerk, das es bleiben muss, nicht leistbar erschienen. Dieses Buch will dazu einladen, den täglichen Umgang mit dem Wort als unverwechselbaren Liebesdienst im beruflichen und privaten Alltag zu vollziehen.Die Sprache zeigt sich so als Instrument der Anteilnahme, des Trostes und der Ermutigung, die Stimme als Medizin, der Klang hinter den Worten und zwischen den Zeilen als Ausdruck dessen, was die Seele berührt. Nur wenn hinter den Worten „Feuer" brennt, wenn in dem, was wir einander anvertrauen, die Seele mitschwingt und durchklingt, können Worte zur Kur werden, ermutigen, trösten und heilen.

„Worte sind schön, aber Hühner legen Eier", sagt ein afrikanisches Sprichwort.

Im partnerschaftlichen und familiären Alltag, am Arbeitsplatz, in der therapeutischen oder medizinischen Praxis, im religiösliturgischen Raum, überall, wo Menschen miteinander kommunizieren, entwickeln sie ein feines Gespür dafür, ob den Worten auch Taten folgen, ob das Gesagte auch das Gemeinte ist, ob wir auch halten können, was wir gesprochen haben.

Wie immer unsere Gespräche glücken und wie sie auch verlaufen, das erste Instrument dabei bleibt die Stimme, die in unseren Worten ihren unverwechselbaren Klang erhält. Dieser Klang ist immer original, er wird unter Vertrauten zum Generalschlüssel, der Türen und Herzen öffnen kann. Die menschliche Stimme ist der Ton in der „Musik", mit der sich die Seele zum Klingen bringt, sie transportiert das „Feuer" im täglich kleinen Pfingstwunder, das darüber entscheidet, wie tief uns Worte berühren und Gedanken bewegen. Vor allem dieser Stimme als „Klang der Seele" möchte das vorliegende Buch nachspüren.

1. Das Ohr als Tor

Eine Geschichte erzählt von einem Alten und einem Jungen, die durch eine Stadt gehen. Plötzlich bleibt der Alte stehen und sagt zu seinem Begleiter: „Hör doch, da singt eine Grille!" – „Wie kannst du", wundert sich der Junge, „im Stadtlärm eine einzelne Grille zirpen hören?" Im Weitergehen lässt der Alte unbemerkt eine Münze zu Boden fallen. Der Junge bleibt stehen und sucht nach dem Geld. Der Alte wundert sich: „Wie kannst du im Stadtlärm eine einzelne Münze fallen hören?"
Die Antwort auf diese Frage ist einfach: Wir hören immer das, wonach wir im Herzen Sehnsucht haben. Und so bleiben gesunde Ohren deshalb taub, weil für den Moment das Herz an anderer Stelle verankert ist. Schon der Prophet Jesaja beklagt: „Du hast vieles gesehen, aber nicht beachtet; du hattest die Ohren offen und hast doch nichts gehört."(Jes 42,20)
Bei der liturgischen Feier der katholischen Kindertaufe betet der Taufspender, indem er Ohren und Mund des Täuflings berührt: „Der Herr lasse dich heranwachsen, und wie er mit dem Ruf ‚Effata' dem Taubstummen die Ohren und den Mund geöffnet hat, so öffne er auch dir die Ohren und den Mund."[2]

Es gehört zu meinen beeindruckendsten Erfahrungen am Krankenbett, mitzuerleben, wie Sterbende auf direkte Ansprache nicht mehr reagieren können, aber zum Klang der an ihrem Sterbebett gesprochenen Gebete plötzlich ihre Lippen bewegen; oder wenn ich mit ihnen rede und nur mehr am Händedruck feststellen kann, dass sie mich hören und verstehen …

Das erste Sinnesorgan des Menschen ist das Ohr. Es ist das zuerst ausgebildete, schon im Mutterleib funktionierende Sinnesorgan, es hört schon vor der Geburt. Das Ohr ist aber auch das letzte Sinnesorgan, das stirbt, wenn ein Menschenleben

verlischt. Das Ohr ist „das Tor zur Seele“, wie eine indische Weisheit sagt.
Das Ohr ist auch das wichtigste Sinnesorgan für Ärzte, Seelsorger und Therapeuten wie überhaupt für alle helfenden Berufe. Müsste man für sie einen gemeinsamen „Schutzpatron“ finden, so könnte das die kleine Momo aus dem Märchenroman von Michael Ende sein: „Momo“, heißt es dort, „konnte so zuhören, dass dummen Leuten plötzlich sehr gescheite Gedanken kamen. Sie konnte so zuhören, dass ratlose oder unentschlossene Leute auf einmal ganz genau wussten, was sie wollten. Oder dass Schüchterne sich plötzlich frei und mutig fühlten. Oder dass Unglückliche und Bedrückte zuversichtlich und froh wurden.“[3]
Die hohe Kunst des Hörens braucht aber viel Übung und Selbsterfahrung. Die vorurteilsfreie Haltung, die unbedingte Akzeptanz des anderen Menschen, unabhängig von seiner Lebensart und seinen darin gemachten Erfahrungen, Aufmerksamkeit und Anteilnahme, Achtsamkeit, die Kunst, einfach da zu sein, anwesend mit allen Sinnen, mit offenen Ohren, aber auch mit offenen Augen, mit Augen, die nicht lügen können und in denen unser Gegenüber ablesen kann, wie präsent wir sind, das alles sind „not-wendende“ Voraussetzungen für professionelles Helfen. Was einen Menschen ermutigt, sich zu öffnen, ist in erster Linie die Präsenz, die wir ausstrahlen, wenn wir mit ihm ein Gespräch beginnen. Darum geschieht es immer wieder, dass in einem Gespräch das, was sich Menschen „von der Seele reden“ wollten, nicht zur Sprache kommen konnte und auch umgekehrt, dass sie nach einem Gespräch über sich selbst ganz verwundert sind, weil sie nichts von dem, was sie dann doch sagen konnten, zu sagen vorgehabt hätten. Ein gutes Gespräch können beide Seiten wollen, es ist aber noch keine Garantie, dass es auch stattfindet. Gespräche kann man planen, ihren Ausgang aber muss man sich „schenken“ lassen. Wie sehr dieses Geschenk gelingt, hängt wesentlich davon ab, wie „präsent“, wie „geistesgegenwärtig“ beide Partner miteinander umzugehen verstehen.

Nur die Ohren des Herzens vermögen wirklich zu hören und den Klang der Seele zu vernehmen. Dazu bedarf es einer Kultur der Behutsamkeit, eine Achtsamkeit, die keine Methode und keine Verhaltensregel vorschreiben kann, die nur funktioniert, wenn sie nicht nur funktioniert. Ein Jiddu Krishnamurti (1895–1986) zugeschriebenes Wort lautet: „Es gibt keine Methode, es gibt nur Achtsamkeit."

Die Lavant

„Horch!" Mit diesem Wort beginnt Christine Thonhauser, die Dichterin in der Einschicht des Lavanttals, von dessen Wasserschlagader sie ihr Pseudonym entlehnt hat[4], ihr vielleicht bekanntestes Werk „Die Bettlerschale"[5]. Zum Schluss der „Bettlerschale" heißt es in einem Gedicht[6]:

„Hören, hören! – O du mein Gott –
nur Taube wissen, wie Hören tut,
und warten im Eisblock des Schweigens
auf dein lebendiges Wort."

Die Sehnsucht der Dichterin verlangt nach einem Hören, das Wunder wirkt und letztlich bis in den Himmel reicht. Davon wissen nur Taube. Und ihr Wissen „im Eisblock des Schweigens" kommt aus der Sehnsucht, doch gehört und nicht überhört zu werden; es kommt aus dem Hunger nach einem „lebendigen" Wort, einem, das zu Herzen geht und bewegt, aufrichtet und stärkt, einem Wort, das, wie es die Weisheit des Asklepios fordert, heilende Wirkung haben kann.
Ausculta! Höre! Das ist auch das erste Wort in der Regel des Benedikt: „Höre, mein Sohn, auf die Weisung des Meisters, neige das Ohr deines Herzens, nimm den Zuspruch des gütigen Vaters willig an und erfülle ihn durch die Tat!" Die allererste Regel, die Benedikt von Nursia für seine Ordensbrüder festlegt, setzt einerseits voraus, dass jemand zuhören kann und

dass da jemand ist, der sein Herz öffnet im Vertrauen darauf, dass ihm jemand zuhören will. Echter Dialog ist nur mit offenem Herzen und daher vorbehaltlos möglich. Das weist hinein in das weite Land von Psychotherapie und Seelsorge. Bei aller notwendigen Unterscheidung haben die beiden hier ein großes gemeinsames Feld: die Praxis des Hörens.

Paulus schreibt an die Römer (Röm 10,17): *Ergo fides ex auditu* – „Also kommt der Glaube aus dem Hören!" Was der Mensch über sich selbst wissen kann, seine Identität und sein Schicksal hat er sich nicht in erster Linie durch wissbegierige Beschäftigung mit sich selbst zusammengetragen. Er ist, wie Martin Buber sagen würde, am Du zum Ich geworden. Er hat gelernt, „Ich" zu sagen, weil er andere neben sich entdecken konnte, die an ihm, seinen Gedanken und Gefühlen Anteil nehmen und davon mehr erfahren wollten.

Ein Ordensmann schreibt als Kommentar zum ersten Wort der Regel des Benedikt: „Wir entdecken uns, weil da ein anderer neben uns ist, der wissen will, wer wir sind, und dem wir uns erzählen wollen. Wir können aushalten, was wir dabei über uns erfahren, nicht weil uns nichts anderes übrig bleibt – selbst wenn die Wahrheit wehtut –, sondern weil wir uns darauf verlassen können: Der andere achtet mich, was immer ich ihm sage; dass wir uns entschieden haben, uns ihm zu offenbaren, empfindet er als ein Zeichen unserer Achtung für ihn, und er zeigt das auch. Das geduldige, ernste, liebende Zuhören des anderen stützt und stärkt uns."[7]

Die Lieser

Über Christine Lavant hinaus lehrt mich in Kärnten noch ein anderer Name eines Flusses das Hören. Die Lieser. An ihrem Ufer, am Gemünde der Malta in die Lieser wurde ich geboren. Dort bedeutet das Wort „liesnen", von dem die Lieser ihren Namen herleitet, „hören", „horchen", „lauschen". Sehr stolz

war ich, als ich entdeckte, dass „liesnen“ mit dem Englischen „to listen“ verwandt sein könnte …
Mitte der 1960er Jahre hatte der Musikpädagoge Hans Pleschberger[8] in seiner Heimatgemeinde Rennweg begonnen, alte Volkslieder zu sammeln. Dazu hatte er kein Archiv zur Verfügung. Er suchte Menschen, die ihm alte, vergessene Lieder vorsingen konnten. Dankbar erinnert er sich an seinen ersten Vorsänger, den „Måthevåta“[9], der ihm damals als Achtzigjähriger bescheiden erklärte: „I kon nix Gscheit's“, um ihm dann „in seiner weichen und vollen Tenorstimme“ über dreißig bis dahin völlig unbekannte Lieder vorzusingen. Hans Pleschberger hat auf diese Weise über zweihundert Lieder zu entdecken vermocht und damit als „Liesner“ den Liesertalern ihre typische Art, die Seele zum Klingen zu bringen, neu bewusst gemacht. Als ich ihn für dieses Buch um den genauen Wortlaut der Lieserballade bat, schrieb er mir: „Heute denke ich noch gerne daran, als mir meine fast 100-jährige Großmutter einen handgeschriebenen Zettel mit den Strophen der Lieserballade gab. Mein Onkel Sepp habe diese an der Front (2. Weltkrieg) als trostspendenden Zeitvertreib (in ruhigeren Stunden) aufgeschrieben! Es war kein Zufall, dass mir in den 70er Jahren eine Katschtaler Bäuerin die Melodie der Ballade vorsang. Immer wenn wir im Chor oder im Quartett diese anstimmen, werden die Zuhörer innerlich berührt.“[10]

Die Lieserballade

Haufat Wåssa foit då nieda, Masse Wåssa kimb daher.
Heast du's nit, ganz äite Liada singant sie von Åch und Weah:
Jå, die Wånd wår amål truckn, viele Knåppn suachnt Goid,
und sie ziachnt groaße Brockn, schwar vadeanant sie'n Soid.

Siegst'n Tearischn docht drinta? Olle låchnt üba eahn.
Såg ka Wort, steaht oiwei hinta, tut gånz leis zua Årbeit geahn:

Håt den Håmma in den Händn, plåg si ab und gib koa Ruah.
Schlåg föst ausa aus den Wändn Goid und Silba haufat gnua.

Und amoi, då is es gscheachn, sog er: „I hear då a Groidn;
he, tiabs liesnen, heart's nit rauschen?" und laft ausi ausn Stoidn.
„Schaugs, heit fång er ån zan spinnan!" Ålle Knåppn steahnt beinand.
„Er is tearisch und heart rinnan, is woi furchbar durchanand."

Haufet Wåssa foit då nieda, rinnt die Lieser hiatz daher
„He, tiabs liesnen!" håit's no wida, und die åndan hearn's nit mehr!"[11]

Die Ballade erzählt von einem tauben Bergknappen, einem stillen, von allen verlachten Sonderling, der im Stollen mit seinen Kameraden in täglich harter Arbeit Gold und Silber aus dem Berg schlägt. Eines Tages hört gerade er, der Taube, ein grollendes Rauschen, herabstürzendes Wasser, das immer näher kommt. „He, tiabs liesnen! Heart's nit rauschen!?", „Horcht doch! Hört ihr nicht das Rauschen!?", warnt er seine Kameraden vor der drohenden Gefahr. Nicht nur, dass er nicht ernst genommen wird, seine Kollegen begegnen ihm wie auch sonst immer mit jener kränkenden Mischung aus Spott und Mitleid: Er ist „tearisch" (= taub) und kann doch hören, also ziemlich „durchanand" (= verrückt)! Er aber läuft aus dem Stollen und bleibt schließlich der Einzige, der sich vor den Fluten des dort entspringenden Baches in Sicherheit bringen kann. Die Leute nennen ihn, den Horchenden, seither den „Liesner" und das Wasser, das er erhorchen konnte, die Lieser.
In den mehr als dreißig Jahren meiner seelsorglichen und therapeutischen Tätigkeit ist mir die Lieserballade eine heimatliche Mitgift für meine tägliche Arbeit geblieben; je älter ich werde, umso kostbarer erscheint sie mir. Das Hören als die wesentlichste Aufgabe meiner täglichen Arbeit wird darin in einfacher, aber eindringlicher Art deutlich. Wie leicht kann der/die HelferIn, ob ÄrztIn, TherapeutIn, PriesterIn oder

Seite 17: „He, tiabs liesnen! heart's nit rauschen!?"
Die Lieser bei Gmünd und Leoben im Liesertal, September 2009
(Foto: Mettnitzer)

Seite 18:
1: Wasserklangbild, haus des staunens, Gmünd in Kärnten
2: Wassertrompeten, haus des staunens, Gmünd in Kärnten
3: Klangkunstgarten bei Nacht, haus des staunens, Gmünd in Kärnten
(Fotos: Pankratium)

Seite 19: „Der Herr lasse dich heranwachsen, und wie er mit dem Ruf ‚Effata' dem Taubstummen die Ohren und den Mund geöffnet hat, so öffne er auch dir die Ohren und den Mund."
(Foto: Mettnitzer)

Seite 20: Lautloser Wasserlichtstrahl, haus des staunens, Gmünd in Kärnten
(Foto: Pankratium)

LebensberaterIn, Wichtiges überhören, weil er/sie dem Gegenüber nicht zutraut, dass er etwas Wesentliches zu sagen hat. So eröffnete einmal ein Patient in meiner Praxis eine Therapiestunde mit den Worten: „Da hängt ja ein Klavier vor Ihrem Fenster!" PatientInnen erzählen mir oft Dinge, die ich auf Anhieb nicht verstehe. Ich teile Ihnen dann manchmal mit, dass ich zwar höre, was sie sagen, aber nicht verstehen könne, was sie damit meinen. Ich wollte damals schon beginnen zu sagen, dass es mir schwerfiele, ihm zu glauben, was er mir sagte, vorher aber wagte ich dann doch noch einen Blick aus dem Fenster. Und für einen Augenblick wusste ich dann nicht mehr, wer hier der Patient ist. Da hing nämlich tatsächlich ein Klavier vor meinem Fenster! Mein Gast genoss sichtlich meine Verwunderung und beide erlebten wir dann das seltene Schauspiel, wie ein Kran von außen einen Konzertflügel in eine Dachwohnung hob ...

Einander vertraut machen

Viele Menschen suchen in Ausnahmesituationen ihres Lebens Hilfe in Psychotherapie, Seelsorge und anderen helfenden Berufen. Sie tun es in der ihnen eigenen Art und Weise, mit der der/die Helfende sich erst vertraut machen muss. Der unverwechselbare Klang der Stimme, der Rhythmus der Sprache, das leise und vorsichtige Zögern, die gespielte Sicherheit bis hin zur hinter den Worten lauernden Unsicherheit, all das will erhorcht, erahnt, gespürt und gefunden werden in einem langen und geduldigen Abenteuer zu zweit, dessen Ergebnis am Ende eines solchen Weges nicht vorausgeahnt werden kann. Manch Helfender mag auf den ersten Blick den Kameraden des Tauben in der Lieserballade ähnlich sein. Was sie/er zu sagen hat, kommt aus professionellem Hochmut „von oben herab" und bedient sich einer Sprache, die so wehtuend professionell daherkommt, dass in ihr kein einladender Ton mehr

Platz hat, oder aber, was in gewisser Weise noch schlimmer ist, dass Freundlichkeit und Einfühlungsvermögen gekünstelt erscheinen und nie den Beweis der Lauterkeit anzutreten bereit sein werden. Bedürftige und Leidende haben dafür feine Ohren. Und manch Hilfesuchende/r mag dem Tauben in der Ballade gleichen. Er/sie hat im mehrfachen Sinn des Wortes viel zu sagen, aber es will/muss mühsam entschlüsselt werden; manchmal versteckt es sich hinter der Unmöglichkeit, für das, worum es geht, Worte zu finden; die Last des Lebens hat sie/ihn stumm oder taub werden lassen und im Innersten hat sie/er oft aufgehört zu hoffen, trotzdem oder gerade deswegen wertgeschätzt und akzeptiert zu werden. Darum ist das, was sie/er zunächst mitteilt, nicht selten ein Versuchs- und Testmanöver, ob die/der TherapeutIn das in sie/ihn gesetzte Vertrauen überhaupt verdient. Das ist kein Spiel, sondern Vorsicht aus der Angst heraus, nochmals verletzt und enttäuscht zu werden. So hat mir eine Patientin erst nach der dritten Stunde ihren wahren Namen und nach der fünften Stunde ihre genaue Adresse bekannt gegeben.

Vor aller Hilfe und Neu-Orientierung wollen Hilfesuchende in erster Linie wissen, wem sie ihr Vertrauen schenken. Sie wollen in erster Linie nicht bewertet und gerichtet, auch nicht „wieder her-gerichtet“, sondern verstanden, getröstet und ermutigt werden. Jeder Mensch trägt die tiefe Sehnsucht in sich, beachtet, gesehen, bemerkt und nicht übergangen zu werden. Und jeder wächst daran, anderen etwas zu sagen zu haben und zeigen zu können, mit einem Wort, in dieser Welt für etwas und jemandem „gut“ zu sein.

„Auferweckt von den Toten“, „wie neu geboren“, „gekreuzigt, gestorben, auferstanden“, so und so ähnlich drücken manchmal Menschen ihre Gefühle aus, wenn sie am Ende eines langen Abenteuers therapeutischer Begleitung wieder auf eigenen Füßen stehn und es vielleicht zum ersten Mal in ihrem Leben gelernt haben, ihre innersten Bedürfnisse ins Wort zu bringen.

Oft werde ich gefragt, ob es nicht ermüdend sei, tagaus tagein dazusitzen und mir Probleme anderer Menschen anzuhören. Aus Überzeugung kann ich sagen: Würde ich meinen Alltag auch mit diesen Augen betrachten, könnte ich ihn nicht bewältigen. Auch hier gilt (siehe oben): Was wir mit unserem Herzen anschauen, dahinein werden wir verwandelt. So lange ich mich frage, wie meine Arbeit zu leisten ist, so lange werde ich damit Mühe haben, sie zu bewältigen. Mit anderen Augen betrachtet erscheint sie auch in einem anderen Licht: Was ich täglich zu tun habe, ist erst dadurch möglich, dass Menschen mir täglich ihr Vertrauen schenken. Mit jedem Einzelnen von ihnen kommt eine neue Welt in meine Praxis. Und das mir Anvertraute ist guter Boden für eine einander (er-)tragende Beziehung. Und immer wieder eröffnen sich aus dem Unverhofften völlig neue Aspekte und Perspektiven, die erkennen zu helfen mir meinen Beruf als Hebammendienst erscheinen lassen. Die Voraussetzung dafür ist liebevolle Achtsamkeit.

Das braucht Zeit. Und gerade die Zeit ist in unserer Gesellschaft zur größten Kostbarkeit geworden. In Antoine de Saint-Exupérys Märchen sagt der Fuchs zum Kleinen Prinzen: „Die Menschen haben keine Zeit mehr, irgendetwas kennenzulernen. Sie kaufen sich alles fertig in den Geschäften. Aber da es keine Kaufläden für Freunde gibt, haben die Leute keine Freunde mehr."[12] Und: „Miteinander-vertraut-Werden" heißt, sich jeden Tag „ein bisschen näher setzen können"[13] und in dem so gewachsenen Vertrauen Dinge zu besprechen, von denen man nie geahnt hätte, dass sie besprechbar wären.

Ohne die Geduld und das Vertrauen in diesem Sinne verliert das Wort seinen heilsamen Zauber. Jede Begegnung im Alltag, auch die Aussprache mit einem/r SeelsorgerIn und das therapeutische Gespräch leben von dem nach und nach wachsenden Vertrauen zwischen zwei einander sich öffnenden Menschen.

Zumutung als Ermutigung

Die Art der stillen Pädagogik, durch die die Lieserballade vor dem Vergessen bewahrt werden konnte, ereignet sich täglich von vielen unbemerkt in vielen Einzelgesprächen: „I kon nix Gscheit's", sagt der alte Bauer; aber durch den Anderen, der ihm gegenübersitzt und ihn mit erwartungsvollen Augen anschaut, wächst in ihm der Mut, zu geben, was er hat, und zu zeigen, was er kann. Wertschätzend und behutsam sitzt der Eine dem Anderen gegenüber und traut ihm zu, was der Andere schon längst vergessen glaubte. Nichts anderes passiert in geglückten therapeutischen Begegnungen, in guten seelsorglichen Gesprächen, ja überhaupt in stimmigen Beziehungen von Mensch zu Mensch. Vielleicht ist Ermutigung überhaupt der erste und wichtigste Liebesdienst, den Menschen einander zu leisten vermögen. Im Grunde besteht er zuallererst „nur" darin, einander mit Augen anzusehen, die dem anderen etwas zutrauen. „Zumutungen" im besten Sinn des Wortes sind es, wenn Menschen einander Mut machen und dabei behilflich sind, dass sie finden können, was sie brauchen, um das Leben als lebenswert zu empfinden! Alfred Adler, der Begründer der Individualpsychologie, war überzeugt davon, „dass (abgesehen von erstaunlichen Spitzenleistungen, über deren Struktur wir nicht allzu viel aussagen können) jeder alles kann".[14] Zutrauen beflügelt! Der argentinische Psychotherapeut und Schriftsteller Jorge Bucay erzählt die Geschichte vom sechsjährigen Panchito, der sich und seinen drei Monate alten Bruder aus der brennenden Wohnung im zweiten Stock des Wohnhauses trotz versperrter Türe und vergitterter Fenster retten konnte. Nachdem der Brand gelöscht war, gab es nur noch ein Gesprächsthema: Wie hatte es ein Sechsjähriger schaffen können, sein eigenes Leben und das seines Brüderchens zu retten? Der Feuerwehrhauptmann, ein kluger, angesehener Mensch, gab ihnen zur Antwort: „Panchito war allein … Es gab also niemanden, der ihm hätte sagen können, das schaffst du nicht."[15]

2. Hauch des Lebens

Ohne Atem keine Stimme, ohne Stimme auch kein Wort. Alles, was wir sagen, setzt den Atem voraus, mit dem wir es tun. Jeder, der mit seiner Stimme arbeitet, weiß davon ein Lied zu singen. Atemübungen sind der Anfang des professionellen Einsatzes der Stimme. Berufliche VielrednerInnen wissen, wie leicht man die Stimme verliert, wenn man sie nicht gründlich trainiert. Und der Anfang dieses Trainings ist immer eine gute Atemtechnik, Zwerchfellatmung, die dafür sorgt, dass die Lunge genügend Luft hat, mit der beim Ausatmen die Worte hörbar gemacht werden. So betrachtet dürfen wir die Stimme eines Menschen als „hörbar gemachte Atmung" verstehen, sie ist im besten Sinne des Wortes ein hauchendes, ein „spirituelles" (lat. *spirare* = „atmen") Geschehen. Und „Spiritualität", jenes verletzliche und so leicht missverstehbare, weil viel zu schnell verstandene und von allen möglichen Gruppen vereinnahmte Wort, bedeutet im Grunde nichts anderes als die aus dem Inneren des Menschen kommende Sehnsucht und Kraft, seine Stimme zu erheben und sich Gehör zu verschaffen. Als so verstandenen Ausdruck des Seelischen führt die Stimme den Menschen immer zu sich selbst und gleichzeitig über sich selbst hinaus. Die Stimme des Menschen ist das erste Instrument seiner Selbstoffenbarung und ein wesentliches Werkzeug seiner schöpferischen Kraft. In der menschlichen Stimme schwingt die Grundmelodie des Lebendigen, in ihr offenbart sich der momentane innere Zustand eines Menschen, sein innerstes spirituelles Bedürfnis, die unstillbare Sehnsucht, sich mitzuteilen und am Leben anderer teilzunehmen. Wie der Körper die Luft zum Atmen braucht, so braucht die Seele, um durch und durch lebendig zu bleiben, die „Ekstase", das Aus-sich-Herausgehen, die Mit-Teilung, die Möglichkeit und Fähigkeit, sich

anderen gegenüber zu öffnen und an deren Leben teilzuhaben. Die Stimme eines Menschen zu hören löst deshalb unmittelbar Gefühle in uns aus. Wollten wir diese beschreiben, so haben wir eine Fülle von Vokabeln zur Hand:
hoch, tief, kräftig, laut, leise, klar, gedämpft, aus voller Kehle, dünn, flach, fest, entschieden, zittrig, warm, kalt, hart, weich, sanft, hell, dunkel, jung, alt, frisch, verbraucht, müde, belegt, sachlich, präsent, abwesend, kernig, entspannt, gestresst, präzise, undeutlich, schneidend, scharf, schrill, brummig, männlich, weiblich, erotisch, fließend, stockend, melodisch, klangvoll, belegt, sonor, monoton, heiser, krächzend, nasal, nuschelnd, mitreißend, beruhigend.[16]
Solche Beschreibungen haben sich unter Fachleuten in der Praxis bewährt, sie können auch dem/der Nicht-Fachkundigen helfen, bewusster andere Stimmen zu hören und dabei seine/ihre persönlichen Eindrücke in Worte zu fassen …

Im Anfang war der Klang

Die Erschaffung des Menschen wird im Ersten Testament in einem archaischen Bild erzählt. Der Bericht im Buch Genesis (Gen 2,7) könnte knapper und geheimnisvoller nicht sein: „ER, Gott, bildete den Menschen, Staub vom Acker, er blies in seine Nasenlöcher Hauch des Lebens, und der Mensch wurde zum lebenden Wesen."[17]
Der Mensch wird durch den „Hauch des Lebens", den ihm Gott in seine Nasenlöcher bläst, lebendig. Und das Lebendige an ihm besteht in diesem Bild darin, den Mund zu öffnen, sich Gehör zu verschaffen und diesen Hauch des Lebens wehen zu lassen. Die Stimme des Menschen erscheint so als der Atem seiner Seele und ihr Klang als unverwechselbares Kennzeichen von Lebendigkeit, als Widerhall seines Innersten.
Auch im Zweiten Testament findet sich ein rätselhaft-geheimnisvoller Text, der sogenannte Prolog des Johannes (Joh 1,1).

Um seine richtige Übersetzung hatte schon Goethe im „Faust“ gerungen:

„Im Anfang war das Wort,
und das Wort war bei Gott,
und das Wort war Gott.“

Der in diesem Text verwendete Ausdruck „Wort“ heißt in der griechischen Originalsprache der Bibel *Logos*. Die Bedeutung des griechischen Wortes ist aber nicht reduzierbar auf das deutsche Wort „Wort“. *Logos* steht für „Wort“, „Sprache“, „Rede“, „Klang“, „Wertschätzung“, „Beachtung“, „Tat“, vielleicht sogar für „Ermutigung“!? In Goethes „Faust“ lesen wir:[18]

„Geschrieben steht: ‚Im Anfang war das W o r t!‘
Hier stock' ich schon! Wer hilft mir weiter fort?
Ich kann das Wort so hoch unmöglich schätzen,
Ich muss es anders übersetzen,
Wenn ich vom Geiste recht erleuchtet bin.
Geschrieben steht: Im Anfang war der S i n n.
Bedenke wohl die erste Zeile,
dass deine Feder sich nicht übereile!
Ist es der S i n n, der alles wirkt und schafft?
Es sollte stehn: Im Anfang war die K r a f t!
Doch, auch indem ich dieses niederschreibe,
Schon warnt mich was, dass ich dabei nicht bleibe.
Mir hilft der Geist! Auf einmal seh' ich Rat
Und schreibe getrost: Im Anfang war die T a t!“

Weit entfernt, es mit dem Dichterfürsten aufnehmen zu wollen, wage ich es doch, das Raten um die bessere Übersetzung weiterzuführen. Auf dem Hintergrund des Textes aus der Genesis darf im Prolog des Johannes das Wort *Logos* mit „Hauch“, „Atem“, „Klang“ oder „Resonanz“ übersetzt werden. Rhythmen und Schwingungen sind der elementare Bestandteil des Kosmos. In vielfältiger Form wirken sie auf Lebewesen ein, wahrscheinlich bewirken sie überhaupt das Leben. Denn Menschen, Tiere und Pflanzen werden von kosmischen Rhythmen wie dem Wechsel von Tag und Nacht, den Mondphasen und dem Rhythmus der Jahreszeiten bestimmt. Genauso gibt es im zwischenmenschlichen Bereich Schwingungsvorgänge und Resonanzeffekte, die in der Heilkunde und Therapie bedeutsam sind. Der Begriff Resonanz kommt vom Lateinischen *resonare* und bedeutet „zurück-tönen", „zurück-schwingen" oder aber auch „ant-worten", dem Wort Antwort geben. Das alles scheint dem Begriff „Logos" gerecht zu werden. Denn das, was wir als „Wort" und „Antwort" bezeichnen, ist im Grunde das Tauschgut der Resonanz, das hin und her wandert und bewirkt, was es bedeutet: Eine von außen kommende Schwingung bringt etwas zum Klingen, was gewissermaßen auf der gleichen oder vergleichbaren Wellenlänge liegt. Wenn Menschen einander begegnen, hinterlassen sie unweigerlich wechselseitig einen Eindruck beim anderen Menschen, sie rufen, sagen die Fachleute, Resonanz hervor. Je größer unsere Fähigkeit mitzuschwingen ausgeprägt ist (in therapeutischen Fachkreisen spricht man von „Empathie"), umso eher gelingt es, gesunde und heilende Beziehungen zu gestalten. Auch in unserem Gehirn stehen Resonanz- und Harmonieeffekte im Zusammenhang damit, gesundheitsfördernde Prozesse auszulösen. Neueste neurobiologische Forschungen belegen z. B., dass durch musikalische Schwingungen ein wohltuendes Erleben von Einheit zwischen Denken, Fühlen und Handeln möglich wird, dass also soziale Resonanz zwischen Menschen dadurch erzeugt werden kann.[19]

„Ohne Herz kein Klang der Stimme"

Der internationale Klangforscher Alexander Lauterwasser[20] hat für das Beiheft der CD „Herzohr" des Ensembles MonSonA[21] einen wunderbaren Text verfasst, der hier Verwendung finden darf. Er belegt in so noch nie vorgefundener Art die direkte, unglaublich beeindruckende Verbindung von Stimme und Herz: „Zwischen dem Kopf als dem wachen Bewußtseinspol, dem Kehlkopf, der die Stimme ertönen läßt und dem Herz als dem Mittelpunkt des Inneren gibt es einen geheimnisvollen Zusammenhang, auf dessen Spur uns ein außergewöhnliches und anatomisch einzigartiges Phänomen führt. Gewöhnlich nehmen alle vom Gehirn ausgehenden, sogenannten ‚effektiven' Nervenbahnen den kürzesten Weg hin zu jenen Muskelregionen, die eine bestimmte Bewegung ausführen sollen. Bei jenen Nerven jedoch, die die Bewegungen der Kehlkopfmuskulatur und damit den Klang der Stimme formen, gibt es einen – und zwar für beide Körperhälften einen unterschiedlichen – Strang, der sonderbarerweise zunächst bis zum Herz geht und dann wieder zum Kehlkopf zurückläuft. Diese Nervenbahnen machen einen durchaus unüblichen Umweg, weswegen die Anatomen ihn ausdrücklich als den ‚Nervus laryngeus recurrens' benennen. Welch eine fantastische Chiffre der Natur ist doch die Geste dieser Nervenbahnen: Ohne Herz keine Stimme, kein Klang! In jedem durch den ausströmenden Luftzug hervorgehenden und erklingenden Ton, in jedem Klang der Stimme schwingt und wirkt das Herz auf wundersame Weise mit. Im Klang ertönt Seele – das sonst Unsichtbare, Verborgene, völlig Ungegenständliche und daher Un-faßbare offenbart sich dem wiederum so sensibel auf den Klang hin gebildeten Ohr.

Noch rätselhafter und in ihrer Bedeutung und Funktion bis heute für die Anatomen anscheinend gar nicht erklärbar sind zwei kleine Ausbuchtungen an den Innenwänden der beiden Vorhöfe des Herzens selbst, denen man den sinnfälligen Namen ‚Herzohren' gegeben hat. Was für ein wohlklingendes Wort! – Sollte vielleicht selbst das Herz auf etwas hinlauschen und hinhorchen, ohne das die Stimme leblos und seelenlos bliebe?"[22]

Sprich nur ein Wort

Worte, gesagt oder gedruckt, gehört oder gelesen, bewegen uns. Instinktiv nehmen wir innerlich dazu Stellung. Um Worte verstehen zu können, müssen sie „von innen her verkostet“ und geprüft werden, „wie sie schmecken“; erst dann sind wir in der Lage zu entscheiden, wie sie für uns klingen und ob sie uns berühren. Das heißt, Kommunikation ist im Grunde „reine“ Geschmacksache und zeigt, wie wichtig es ist, jeden ausgesprochenen und gehörten Gedanken auf seine Klangqualität und auf das Gefühl hin zu prüfen, das er bei jedem Menschen auslöst. Dieser „Prüfvorgang“ ist nicht delegierbar, er muss von jedem, der an einer Begegnung teilnimmt, geleistet werden. Über Stimme und Sprache gelangt so etwas davon nach außen. Dadurch ist hörbar, was den anderen bewegt und in welchem Maße die eigene Persönlichkeit bejaht und gelebt wird. Ein in diesem Zusammenhang mir vertrautes literarisches Beispiel für „Resonanz“ ist der Lobpreis Mariens aus dem Lukasevangelium: Zwei schwangere Frauen begegnen einander. Die eine, Maria, macht sich auf den Weg in eine Stadt im Bergland von Judäa. Dort angekommen geht sie in das Haus hinein und begrüßt ihre Verwandte Elisabeth. Elisabeth ist außer sich vor Freude. Lukas berichtet: „Als Elisabeth den Gruß Marias hörte, hüpfte das Kind in ihrem Leib. Da wurde Elisabeth vom Heiligen Geist erfüllt und rief mit lauter Stimme: Gesegnet bist du mehr als alle anderen Frauen, und gesegnet ist die Frucht deines Leibes … Da sagte Maria:

Meine Seele preist die Größe des Herrn,
und mein Geist jubelt über Gott meinen Retter.
Denn auf die Niedrigkeit seiner Magd hat er geschaut.
Siehe, von nun an preisen mich selig alle Geschlechter.
Denn der Mächtige hat Großes an mir getan,
und sein Name ist heilig.
Er erbarmt sich von Geschlecht zu Geschlecht

über alle, die ihn fürchten.
Er vollbringt mit seinem Arm machtvolle Taten:
Er zerstreut, die im Herzen voll Hochmut sind;
er stürzt die Mächtigen vom Thron
und erhöht die Niedrigen.
Die Hungernden beschenkt er mit seinen Gaben
und lässt die Reichen leer ausgehen …" (Lk 1,41–53)

Dieser vielen Menschen so vertraute biblische Text hat auch über das Stundengebet der Priester und Ordensleute hinaus, in dem er eine zentrale, täglich wiederkehrende Rolle spielt, eine psychologisch interessante Bedeutung. Begegnung unter Menschen ist nur auf gleicher Augenhöhe möglich. Dann aber geschieht durch sie so etwas wie „sozialer Ausgleich", oben und unten sind – wenn auch nur für den Moment der Begegnung – aneinander gebunden, der Mächtige tut Großes an Kleinen, das Kleine hüpft im Schoß der Großen, Hungernde werden mit Gaben beschenkt, Hochmut wird vom Thron gestürzt und die niedrige Magd von allen gepriesen. In einer stimmigen Begegnung beginnen Menschen, sich in den anderen Menschen hineinzuversetzen, versuchen, mit dem Herzen des anderen zu fühlen und mit den Augen des anderen zu sehen. Im Sinne von Resonanz und Klang der Seele erfasst sie dann aber alles in uns und bezieht alles mit ein, was zu uns gehört, nicht nur den Menschen, der wir gerade sind, sondern auch „das Kind in unserem Leib"; das Kind, das wir einmal waren, beginnt in uns zu hüpfen und zu jubeln, weil es sich mitgemeint weiß in dem Gruß, in der Begegnung, in dem rückhaltlosen Bejahtwerden. Wo Menschen so zueinander finden, sieht die Welt mit einem Male wie Heimat aus. „Und Maria blieb etwa drei Monate bei ihr" (Lk 1,56), heißt es abschließend; erst „dann kehrte sie nach Hause zurück".

Psychotherapie und Seelsorge sind Wege in die persönliche Freiheit, mit eigener Stimme für sich zu sprechen, das Wort zu ergreifen und zum Klingen zu bringen. Was bisher andere für mich gesagt und in meinem Namen verhandelt haben mögen, jetzt ist meine Zeit gekommen, selbst die Stimme zu erheben und mir Gehör zu verschaffen! Mündigkeit bedeutet ja zunächst nichts anderes, als selbst den Mund auftun zu können und sein Leben für andere hörbar und merkbar zur Sprache zu bringen.

In Peter Handkes Erzählung „Langsame Heimkehr“ heißt es von „Sorger“, der Hauptfigur: Er „setzte sich wieder an den Tisch und fing, statt im Spiel die Schachfigur zu ziehen, zu reden an. Selber immer noch wie unsichtbar, blickt er in die Gesichter der anderen hinein, als sei er von ihnen schon getrennt, nicht durch einen Zeitsprung, sondern durch einen ganz allmählich ihn (mit dem Reden) entrückenden Zeitfall, den er, indem er sprach und erzählte, als gleichbleibend linde Berührung spürte; so sich bedächtig frei sprechend, dachte er mittendrin: ‚Was ich je für mich gedacht habe, ist nichts: ich bin nur, was mir gelungen ist, euch zu sagen.‘“[23]

„Sprich ein Wort, und mein Bursche wird gesund“, bittet der Hauptmann von Kafarnaum Jesus in der Hoffnung auf „fernmündliche“ Heilung seines Dieners.[24] Er erachtet sich nicht für würdig, den Heilenden in sein Haus zu bitten, aber sein Vertrauen in ihn, dass schon ein seinem Diener zugedachter heilender Gedanke bewirken könne, was er sich wünscht, ist das Überraschende an dieser Geschichte. Weil Gedanken wirkende Kräfte sind, können sie auch bewirken, was sie bedeuten. Wenn das Gewünschte das Gesagte und das Gesagte das Gemeinte ist, kann das Gewünschte heilende und helfende Wirkung zeigen. Wenn hingegen, um einen Gedanken von Konfuzius[25] als Gegenbild zu verwenden, bei dem, was wir sagen, schon die Worte nicht stimmen, dann ist das Gesagte nicht das Gemeinte. Und wenn das, was gesagt wird, nicht stimmt, dann stimmen auch die Werke nicht und so verderben in der Folge Sitten und Künste. Darum achte man darauf, dass die Worte stimmen. Das ist das Wichtigste von allem.

„Tu deinen Mund auf und zeig mir, wer du bist!“, sagt Sokrates auf dem Marktplatz von Athen zu seinen Schülern. Sie kommen zu ihm, um von ihm zu lernen. Er aber lehrt sie, das, was sie suchen, in sich selbst zu suchen und mit seiner Hilfe aus sich selbst heraus „freizuarbeiten“. Erst durch das gesprochene Wort findet der Lehrer seine Schüler und hört im Klang ihrer Stimme das Wesen und die Richtung ihrer Fragen. Beide, Lehrer und Schüler, sind nur so sehr da, sosehr sie es verstehen, das gesprochene Wort als Brücke zueinander zum Klingen zu bringen.[26] Die Meisterschaft des Sokrates besteht also nicht in erster Linie in wirkmächtiger, geschliffener Rede, sondern in der Ermutigung der Gefährten und Hilfesuchenden, ihren Mund aufzutun und nach Worten zu suchen als Auftakt kommender heilsamer Erfahrung.

Das biblische Bild vom guten Hirten (Joh 10,1–10) erzählt, wie der Hirte die Herde für eine Zeit verlässt, um einem einzigen „Schaf“ nachzugehen. Dabei wird die Herde vom Hirten so lange allein gelassen, bis er das Verlorene gefunden hat, weil es von sich aus niemals die Kraft gefunden hätte, zur Gruppe zurückzufinden. Das Suchen, das unermüdliche Nachgehen, das Rufen nach dem Verlorenen ist das „therapeutische Programm“ des Jesus aus Nazareth. Das eigentlich Rettende dabei liegt im Klang der Stimme, im Einanderkennen, im Umeinanderwissen, im Wiedererkennen des vertrauten Klanges beim Wiederfinden: „Die Schafe folgen ihm“, heißt es, „denn sie kennen seine Stimme. Einem Fremden werden sie nicht folgen, sondern sie werden vor ihm fliehen, weil sie die Stimme des Fremden nicht kennen.“ (Joh 10,4–5)

Ein paar Kapitel später im Evangelium des Johannes findet sich eine der zärtlichsten Erzählungen des Zweiten Testamentes: Maria aus Magdala kommt in der Morgendämmerung zum Grab, um den Leichnam Jesu zu beweinen, kann diesen aber in der Grabkammer nicht finden. Stattdessen begegnen ihr zwei Engel.

„Und die sagen zu ihr: Frau, was weinst du? Sagt sie zu ihnen: Meinen Herrn haben sie weggeholt, und ich weiß nicht, wo sie ihn hingelegt haben. Sie sprach das und wandte sich zurück – da schaut sie: Jesus steht da. Sie wusste aber nicht, dass es Jesus war. Sagt Jesus zu ihr: Frau, was weinst du? Wen suchst du? Da sie wähnt, es sei der Gärtner, sagt sie zu ihm: Herr, wenn du ihn weggetragen hast, sprich zu mir, wo du ihn hingelegt hast, damit ich selber ihn weghole. Sagt Jesus zu ihr: Maria! Die wendet sich um, und sagt hebräisch zu ihm: Rabbuni!"[27]

Es ist der Klang der Stimme, der uns finden lässt, was wir mit der Leidenschaft des Herzens suchen. Beim Namen gerufen zu werden, mit Kosenamen angesprochen zu sein öffnet die Augen und das Herz noch mehr.

Ganz besonders willkommen fühle ich mich bei meinen seltenen Besuchen in der Gegend meiner Kindheit, wenn ich von den Menschen, die ich dort treffe, als „Kohlberger Arnold" angesprochen werde und dann im Gespräch unerwartet Worte fallen, die ich jahrelang nicht mehr gehört und gebraucht habe, wie z. B. „iachl" (drüben), „eanta" (früher) oder „znaxt" (vor nicht langer Zeit) …

In den Erstgesprächen in meiner therapeutischen Praxis frage ich meine Patienten immer wieder, wie sie zu mir gefunden haben. Oft kommen sie auf Empfehlung ihres Arztes oder eines nahen Angehörigen. Oft aber kommen sie auch, und das hat mich anfangs sehr überrascht, weil sie im Telefonbuch nach Therapeuten in ihrer Nähe gesucht und sich dann „durchtelefoniert" haben, bis sie eine Stimme finden konnten, der sie eine therapeutische und ermutigende Qualität zutrauten. Sie kommen also ermutigt durch den Klang einer Stimme, die oft nur über den Anrufbeantworter übermittelt werden konnte.

3. Mit allen Sinnen

Nachahmungsspiele

Wie lernt der Mensch das Sprechen?
Es ist schwer, zu sagen, wann die emotionale Beziehung zwischen einem Baby und seinen Eltern beginnt. Die Pränatalpsychologie untersucht den Beginn schon im Mutterleib, wo der Embryo auf Klänge reagiert und darauf, wie gelassen oder unruhig seine Mutter ist. Darüber hinaus ist aber natürlich die Zeit direkt nach der Geburt, wenn die Mutter ihr Baby stillt und beide Eltern es wiegen und beruhigen, von zentraler Bedeutung. Was aber alle Betroffenen besonders beglückt, ist jener magische Moment einige Wochen nach der Geburt, wenn das Baby Vater oder Mutter mit einem ersten „echten" Lächeln beglückt und all die Mühe und die schlaflosen Nächte endlich Früchte zu tragen scheinen. Dieses Glücksgefühl ist der Ausgangspunkt einer ganz individuellen Sprache zwischen Eltern und Kind.
Aber im Alter von ungefähr drei Monaten ereignet sich darüber hinaus etwas Entscheidendes. Dann nämlich beginnt das Baby in der Regel, sich für die zielgerichtete Interaktion mit seiner Umwelt zu interessieren. Die Entwicklungspsychologie spricht davon, dass die Augen des Säuglings „aufleuchten": Zum ersten Mal scheint er seine Eltern wirklich anzusehen und ihren Blick festzuhalten. So klein ein Baby in diesem Alter auch ist, es lernt durch Beobachtung und Imitation ungeheuer viel darüber, wie man Emotionen entschlüsselt und ausdrückt. Aufnahmebereite und aufmerksame Eltern können also schon zu diesem frühen Zeitpunkt aktiv in den Prozess des Trainings kindlicher Emotion eintreten.[28]
Meist bemühen sich die Eltern intensiv, bei dieser frühen

Kommunikation emotionaler Inhalte die Aufmerksamkeit ihres Babys zu wecken und aufrechtzuerhalten. Sie benutzen zum Beispiel oft spezielle Sprachmuster: Dabei werden mit hoher Stimme langsam immer wieder dieselben Worte oder Sätze gesprochen, begleitet von stark ausgeprägtem Mienenspiel. Diese „Babysprache“ wirkt. Denn wenn der Säugling seine Eltern so reden hört und sieht, wendet er ihnen den Kopf zu und seine Aufmerksamkeit steigt.

Die meisten Eltern führen auch direkte nonverbale „Gespräche“ mit ihren Babys, wobei die beiden Gesprächspartner sich abwechseln: Hebt etwa die Mutter ihre Augenbrauen, so tut das auch das Baby. Streckt das Baby seine Zunge heraus, tut die Mutter dasselbe. Babys sind von solchen Nachahmungsspielen entzückt. Diese auf Nachahmung beruhenden Gespräche sind so wichtig, weil sie dem Baby mitteilen, dass seine Eltern intensiv auf seine Äußerungen achten und auf seine Gefühle reagieren. Daraus ergibt sich die erste Erfahrung des Säuglings, von einem anderen Menschen verstanden zu werden. Und das ist der Beginn der emotionalen Kommunikation. Babys schreien und strampeln und teilen auf diese Weise mit, was in ihnen vorgeht und was sie sich wünschen; Erwachsene antworten darauf, indem sie mit dem Kind „sprechen“, indem sie es wiegen, streicheln, sprachlich beruhigen; dabei lernt das Kind, welche Bedeutung Mimik und Gestik haben. In diesem Lernprozess bildet jeder Mensch eine individuelle Art heraus, wie er geht, spricht, welchen Klang seine Stimme bekommt und in welchem Grundton er kommuniziert. Alles, was wir in Kindertagen erlernt haben, praktizieren wir so lebenslang und unverwechselbar. Wir können so Erlerntes nicht vergessen, die Erinnerung daran scheidet nur aus unserem Bewusstsein aus, im Unbewussten aber lebt sie fort, bleibt dort so lebendig, dass alles, was wir tun, aus diesem unbewussten Erinnerungsschatz gespeist wird: Wir gehen, wie wir es damals lernten, wir essen, wir sprechen, wir empfinden in der Art, wie wir es damals taten.[29]

Körpersprache

Körperhaltung und Gesichtsausdruck sind deshalb auch im Erwachsenenalter der beste Kommentar zu unserer inneren Befindlichkeit. Im Unterschied zum Mund, der gezielt in die Irre führen kann, ist die Sprache des Körpers eindeutig und klar. Mit Mimik und Gestik verraten wir mehr, als uns lieb sein mag, im Moment des Errötens sagen wir mehr, als wir eingestehen wollten … Manchmal geht das, was mitgeteilt wird, einher mit den Worten, manchmal laufen die Sprache des Körpers und die der Worte auseinander und manchmal trägt ein Mensch seinen Körper als Maske vor sich her. Aber das Bild, das sich andere von ihm machen, entsteht nie ohne die Wahrnehmung seiner Körpersprache.

Körpersprache ist in den letzten Jahren etwas Hochattraktives geworden. Menschen beginnen zu verstehen, wie wichtig es ist, ihre eigene Körpersprache zu verbessern und damit bewusster und wohl auch erfolgreicher zu kommunizieren; der Körper wird dabei gezielt eingesetzt und zurechtgemacht, in gewisser Weise zur Schau gestellt; aber der Mensch hinter dieser Schau kann sich nicht verstecken; er kommuniziert ständig, wenn auch unbewusst, mit seinem eigenen Körper.[30] Diese Kommunikation beginnt, wenn ein Mensch auf die Welt kommt.

Von der Wiege bis zur Bahre kommunizieren wir und teilen mit Gesten Absichten mit, die wir mit Worten nicht sagen können, und unsere Mimik verrät ziemlich deutlich, ob wir freudig, traurig oder ärgerlich sind. Unsere Körperhaltung wirkt dabei genauso auf die Seele ein wie die Seele auf die Körperhaltung; so, wie sich mein Körper in äußerer Haltung befindet, empfindet er sich auch in innerer Haltung. Diese innere Haltung bestimmt darüber, wie ich das, was von außen kommt, wahrnehme und bewerte. Vor Freude „wachsen“ wir und bei Enttäuschung stehen wir da mit hängenden Schultern, den Kopf vornübergeneigt, und fühlen uns „wie ein begossener Pudel“; wer andere sieht, kann solche Emotionen an der Spra-

che ihrer Körperhaltung erkennen; schon 1872 hat Charles Darwin darüber in einer gründlichen Studie berichtet.[31]
Im Gesicht des Menschen gibt es 28 Muskeln[32], die bei der Kommunikation eine wesentliche Rolle spielen: 4 Kaumuskeln, 12 mimische Muskeln und 12 zur Bewegung der Kopfhaut, der Nase, der Lider und Augenbrauen sowie der Ohrmuschel. Im Gesicht zeigen sich unterstützt durch diese Muskeln die grundlegenden Gefühle: Freude, Trauer, Ärger, Angst, Ekel, Überraschung, Verachtung und Neugier. Diese acht Gefühle sind an den Muskelbewegungen im Gesicht bei Menschen in allen Kulturen eindeutig zu identifizieren. Das fand der US-amerikanische Psychologe Paul Ekman in lebenslanger Forschungsarbeit heraus.[33]
Schauspieler sind Experten der Mimik und Gestik. Mit kleinsten Bewegungen eröffnen sie dem Zuschauer ganze Gefühlswelten. Sie brauchen kein Drama aufzuführen, um eine dramatische Stimmung zu erzeugen. So ist es auch im Leben: Mit einem Blick erfassen wir, was los ist, wir bemerken sofort, wenn irgendetwas nicht stimmt. Darum ist es in helfenden Berufen so wichtig, Erfahrung mit sich selbst im Umgang mit den eigenen Gefühlen zu haben, die eigene Gefühlswelt zu kennen bzw. sie kennen zu wollen und sie nicht verdrängen zu müssen, weil dann der Kontakt zu anderen Menschen doppelt so schwer fällt, mehr Kraft kostet und dabei, wenn überhaupt, nur die halbe Wirkung zeigt.
Was hat das alles mit unserem Thema zu tun? Viel, um nicht zu sagen alles! Die heilende Präsenz „großer Menschen“, die in ihrer Umgebung etwas zu verändern vermochten, hängt immer auch mit der „Authentizität“ ihrer ungekünstelten, unaufgeregten und erfrischend „normalen“ Art ihrer Präsenz zusammen. Sie tragen keine Maske vor sich her, sie kommen selber! Sie sind mit sich eins, Innen und Außen sind zwei Seiten einer Medaille, man kennt sich bei diesen Menschen aus, man weiß, wie man dran ist, und fühlt sich in ihrer Nähe wertgeschätzt und wohl. Und davon erzählen Menschen dann auch, wenn sie

sich an die Begegnung mit solchen Menschen erinnern. Sie sind beeindruckt, „wie unkompliziert, herzlich, normal und wohltuend“ die Begegnung gewesen sei oder aber sie haben das Gegenteil erfahren, wenn Starallüren und Allmachtsdünkel einer Begegnung im Wege standen …

Die Sprache der Hände

In unserem alltäglichen Zusammenleben haben wir es uns angewöhnt, Worte und Mienenspiel im Zaum zu halten. Wir sind darauf bedacht, möglichst wenig von dem, was in uns vor sich geht, nach außen zu transportieren. In sogenannten „heiklen“ Begegnungen haben wir uns ein „Pokerface“ antrainiert, machen gute Miene zum bösen Spiel, oder aber tun alles, um uns nicht in die Karten schauen zu lassen und möglichst nichts von dem, was in uns vor sich geht, zu verraten. Das mag auch immer wieder seine Berechtigung haben, denn es geht viel in uns vor, was die anderen Menschen nichts angeht und sie vermutlich auch weniger interessiert. Was bei solchen alltäglichen Begegnungen aber vielfach nicht beachtet wird, sind unsere Hände und Arme, die im Stehen oder Sitzen fast immer an einer Unterredung beteiligt sind. In jedem Krimi bedeutet der Ruf „Hände hoch“ das Signal, dass der andere besiegt und entmachtet ist. Die Waffe wegzuwerfen und mit ausgebreiteten Armen um Schutz zu bitten oder sich zu ergeben gehört zu den ältesten Körpersprachsignalen der Menschheit und wird von allen Menschen und auf allen Kontinenten verstanden.
Unsere Hände und Arme sind die am meisten unterschätzten Kommunikationsinstrumente der modernen Welt. In Rhetorikseminaren beklagen sich weit mehr als die Hälfte der Teilnehmer immer wieder darüber, dass sie nicht wüssten, was sie während ihrer Rede mit ihren Händen anzufangen hätten. Die Lösung ist einfach: Wenn wir die Hände einfach machen lassen, was sie machen wollen, verabschiedet sich das Problem

ziemlich schnell. Oder anders gesagt: Das Problem entsteht erst dann, wenn wir aufhören, spontan zu sein, sondern glauben, ganz besonders reagieren zu müssen.
Die Sprache unserer Hände ist international. Das ist leicht zu überprüfen, wenn wir z. B. einen Film in fremder Sprache sehen, nichts verstehen und doch viel begreifen, einfach deshalb, weil die Hände und die Körpersprache der Protagonisten vielsagend sind: Verliebte streicheln einander, Feinde gehen mit Fäusten aufeinander los, Hungrige bitten um Nahrung, Durstige um einen Schluck Wasser, Menschen in zu heißen Räumen machen den Oberkörper frei und wischen sich den Schweiß von der Stirn, vom Licht Geblendete schützen sich mit der Hand vor den Augen, Weinende verbergen ihr Gesicht hinter beiden Händen, Betende breiten die Arme aus oder falten ihre Hände. Um das alles zu verstehen, brauchen wir keine Sprache, wir teilen uns das auf der ganzen Welt mit Hand- und Armbewegungen mit.[34]
Sehr viel wichtiger aber als diese überall beobachtbaren Signale unserer Hände sind von uns selbst nicht bemerkte Gesten, die wir während unserer Gespräche machen; ihre eigentliche Bedeutung ist uns nicht bewusst, dem geübten Zuhörer aber zeigen sie sehr viel über unsere wahren Gefühle und Emotionen. Wenn die Worte etwas anderes aussagen, als unsere Gesten verraten, dann wird die Sprache unserer Hände „psychokriminologisch" interessant; alles, was wir mit unseren Händen „unter der Gürtellinie" und „über den Ohren" gestikulierend mitteilen, verrät dem aufmerksamen Zuhörer, dass wir mit unserer Sprache entweder „zu hoch hinaus" wollen oder aber zu viel verbergen und „lieber im Keller" lassen möchten. Immer dann, wenn wir sprachlich über unsere Verhältnisse reden oder dahinter zurückbleiben, verraten es die Hände zuerst, dass Innen und Außen nicht übereinstimmen.
Darüber hinaus sind es unsere Hände, mit denen wir eine Begegnung durch Händedruck und/oder Umarmung eröffnen. Bevor wir zu reden beginnen, tasten wir uns gewissermaßen

vor, führen einen „Sicherheitscheck“ durch, ursprünglich um zu wissen, ob der Andere unbewaffnet ist, dann aber, ob unser Gegenüber das Vertrauen, das wir ihm schenken wollen überhaupt verdient. Es bedeutet in unserer Kultur eine tiefe Kränkung, jemandem die Hand zum Gruß zu verweigern.

Berührungen gehören zu den ersten und einfachsten „Behand-lungsmethoden“ menschlicher Heilkunst. Von Jesus wird berichtet, seine Hände hätten Menschen heilend berührt und aufgerichtet. Die Hand, die berührt, kann aber auch als Übergriff empfunden werden. Zwischen der Zärtlichkeit eines Händedrucks und der Grobheit einer Berührung liegt ein weites Feld von Stimmigkeit bis zur Unstimmigkeit.

Im Evangelium des Markus wird von einer seltsamen Berührung berichtet: Viele Menschen folgen dem Wanderprediger aus Nazareth, wollen ihn hören, sehen und ihn auch berühren, weil, wie einige sagen, eine Kraft von ihm ausgehe, die alle heilen könne (Lk 6,19). So sucht auch eine Frau, die schon zwölf Jahre an Blutungen leidet, im Gedränge des Marktplatzes seine Nähe. Von vielen Ärzten war sie schon behandelt worden. Ergebnislos. Ihr ganzes Vermögen hatte sie ausgegeben, aber es hatte ihr nichts genutzt, sondern ihr Zustand war immer schlimmer geworden. Mit all ihrer Not und Sehnsucht nach Hilfe, im Vertrauen darauf, dass dieser Jesus ihr helfen könne, drängt sie sich nun in der Menschenmenge von hinten an ihn heran und berührt mit ihren Händen sein Gewand, weil sie sich sagt: Wenn ich auch nur sein Gewand berühre, werde ich geheilt. Und im Augenblick der Berührung spürt sie, dass sie sich in ihrem Vertrauen nicht getäuscht hat. Jesus aber wendet sich im Gedränge um und fragt: „Wer hat mein Gewand berührt?“ Seine Jünger antworten ihm: „Du siehst doch, wie sich die Leute um dich drängen, und da fragst du: Wer hat mich berührt?“ Jesus aber blickt in die Runde, um zu sehen, wer es getan hat. Da kommt die Frau zitternd und scheu auf ihn zu; sie fällt vor ihm nieder und berichtet, was an ihr geschehen ist. Er aber sagt zu ihr: „Dein Vertrauen hat dir geholfen.

Geh in Frieden! Du sollst von deinem Leiden geheilt sein." (Vgl. Mk 5,24–34)

Wie immer wir diese Stelle deuten, es ist unbestritten, dass Berührungen heilende Wirkung haben. Es ist die Zuwendung, das Angenommenwerden, das wir im Letzten suchen. Berührt werden bedeutet „angenommen sein", keine Fragen mehr stellen zu müssen, einfach nur da sein und spüren können, dass es gut ist und gut tut. Osteopathen, die keine Berührungsängste mit biblischen Kontexten haben, scheuen sich nicht, in solchen Geschichten wunderbare Beschreibungen ihres beruflichen Alltags zu erkennen. Heilende Berührungen setzen aber Vertrauen voraus, die Bibel nennt es „Glauben", eine Offenheit auf den anderen hin, Zumutung im besten Sinn des Wortes. Mit dem Moment der Berührung werden alle anderen Anwesenden zu Statisten. Not wird geheilt, wenn sie sich aus der Anonymität herauswagt, wenn sie benannt wird. Heilung kann man sich nicht „von hinten" heimlich stehlen. Heilung ist Offenbarung dessen, was ist und war. Der erste Schritt geschieht durch Berührung, der zweite Schritt geschieht dadurch, dass diese Berührung zur Sprache gebracht wird. Nachdem die Frau berichtet, was an ihr geschehen ist, sagt Jesus zu ihr: „Dein Vertrauen hat dir geholfen. Geh in Frieden!"

Ich kenne Menschen aus allen Bildungsschichten und Altersstufen, die viel dafür einzusetzen bereit sind, um einen von ihnen wertgeschätzten Menschen nicht nur von Weitem zu sehen, sondern ihm auch nahe zu kommen und ihn zu berühren. Ob Popstar oder Papst, OlympiasiegerIn oder NobelpreisträgerIn, Filmlegende oder Schönheitskönigin, wenn wir Menschen schätzen und in ihre Nähe kommen, wollen wir ihnen die Hand reichen dürfen. Die Redewendung „Ich wasche mir tagelang die Hände nicht" bedeutet dann nach einer besonderen Begegnung, sich diese seltene Berührung möglichst lange bewahren zu wollen.

Die Kraft des Augenblicks

Da schau her[35]

Da schau her
wie der herschaut
als wüßt er von mir
was ich selbst nicht weiß
Schaut mich an
als wüßt er
wer ich bin
Ob ich ihn frage

Sehen und Gesehenwerden ist eine Ursehnsucht des Menschen. Ganz unabhängig davon, was uns ein Gesicht zeigt, seine Augen haben Macht über uns, man kann ihnen nicht entkommen. Das Gedicht von Susanne Hennemann beschreibt diese eigenartige Faszination.
Im Sommer 2009 war im Völkerkundemuseum in der Wiener Hofburg eine Ausstellung des Kunsthistorischen Museums zu sehen: „Wir sind Maske“[36]. Nach sieben Sälen mit aufregendem Maskenspiel kommt der Besucher beim Verlassen der Ausstellung vor sich selbst zu stehen: Ein großer Spiegel steht ihm im Wege und zwingt ihn, sein eigenes Gesicht auch als Maske wahrzunehmen. Der Volksmund sagt: „Das Gesicht ist der Spiegel der Seele.“ Und dieser Seelenspiegel steckt auch den Betrachter eines Gesichtes an. Wenn wir nämlich auf Gesichter anderer schauen[37] und in den Augen anderer z. B. Furcht lesen, dann wird dort etwas sichtbar, was auch für uns Bedeutung hat; und instinktiv wenden wir unseren Blick dorthin, wo jener z. B. mit der Furcht im Gesicht hinschaut, und wir rüsten uns für den Fall von Gefahr, die Flucht zu ergreifen. Erblickt man hingegen im Gesicht eines anderen Menschen Ekel, folgt man seinem Blick lieber nicht; wer weiß, was er gesehen hat!? Lacht uns hingegen ein Dritter (offen) an, können wir uns entspannen, es droht keine Gefahr von ihm. So ist

es in allen Kulturen, Gesichter sind für uns soziale Signale.[38] In unseren täglichen Begegnungen „diagnostizieren" wir sozusagen instinktiv, wie es um die emotionale Situation des anderen Menschen bestellt ist. Diese Wahrnehmung kann dazu führen, dass wir den Zustand des Anderen in uns selbst empfinden und traurig werden und uns in der Folge zurückziehen oder aber empathisch öffnen und es als Impuls für Hilfeleistung verstehen. In jedem Fall fühlen wir uns angeschaut, erblickt, betroffen. Die neurobiologische Grundlage für dieses Phänomen hat uns in den letzten Jahren die Forschung gezeigt. Dort findet sich auch ein brauchbarer Kommentar zu Susanne Hennemanns Gedicht am Eingang dieses Abschnitts: „Tritt ein Mensch in unseren Wahrnehmungshorizont, dann aktiviert er, ohne es zu beabsichtigen und unabhängig davon, ob wir es wollen oder nicht, in uns eine neurobiologische Resonanz. Verschiedene Aspekte seines Verhaltens wie Blickkontakt, Stimme, mimischer Ausdruck, Körperbewegungen und konkrete Handlungen rufen in uns ein Spektrum von Spiegelreaktionen hervor."[39]

Durch diese Beobachtungen können wir auch leichter „verstehen", was passiert, wenn uns jemand sieht, wenn wir uns beobachtet fühlen, wenn die Augen anderer auf uns gerichtet sind. Wir „nehmen uns zusammen", wie wir sagen, urplötzlich, reflexartig, wir stehen unter Beobachtung und zeigen uns von unserer „besseren", um nicht zu sagen „von unserer besten" Seite. Wenn uns aber jemand sieht und wir wissen, dass er uns sieht, dann hat das eine ganz erstaunliche Wirkung: „Wir werden bessere Menschen", wie Jürgen Langenbach vermutet.[40] Darum fasziniert uns auch das Auge der Kamera und wir wollen von ihm erfasst oder aber auch um keinen Preis der Welt von ihm erfasst werden. Vielleicht aus der Angst, nicht entsprechen zu können oder nicht gut genug zu sein. Gleichgültig lässt es keinen. Unsere wichtigsten Anstrengungen vollziehen wir aus dem Grund, uns sehen lassen zu können, den anderen unter die Augen treten und zeigen zu können, wer wir sind.

Ich erinnere mich an die unheimliche Wirkung, die in meiner Kindheit vom „Auge Gottes" in meiner Heimatkirche ausging. Unter dem Vordach des Kirchenportals erblickt dort heute noch das Auge Gottes jeden, der eintritt und weggeht. Der Allmächtige Gott ganz Auge! Das muss einer Kinderseele Respekt einflößen. Dazu der Kommentar der Mutter, dass Gott bei Tag und Nacht alles sieht und mit Gedankenlesen beschäftigt ist: „Es ist ein Aug' das alles sieht, was auch in dunkler Nacht geschieht!"
Unter einer solchen Generalkontrolle zu stehen ist auf Dauer unerträglich. Andererseits aber erblicken Menschen einander von Weitem und reagieren gekränkt, wenn sie „keines Blickes gewürdigt" werden. Es tut gut, von fremden Menschen im Vorübergehen einen liebevollen Blick zugeworfen zu bekommen. An vielen Stellen des Zweiten Testamentes heißt es zum Auftakt einer Begegnung als Angeld kommender Heilung: „Und Jesus blickte sie/ihn an." Die Rabbinen beschreiben den Übergang von der Nacht zum Tag durch den Moment in der Morgendämmerung, wo zwei Menschen einander gegenüberstehend jeweils im anderen den Bruder und die Schwester erblicken können.
Im österreichischen Parlament gibt es seit dem Sommer 2009 mit Helene Jarmer die erste gehörlose Abgeordnete. Bei ihrem Debüt am 10. Juli 2009 machte die neue Abgeordnete ihren Kolleginnen und Kollegen im Hohen Haus klar, wie mit ihr umzugehen sei. Unter Hinweis auf die üblichen Zwischenrufe im Parlament meinte sie: „Schreien nützt nichts. Ich höre nichts. Ich bitte Sie um Blickkontakt. Und darum, langsam zu sprechen."[41]
In ihrem Buch „Meine ungewöhnlichen Reisen. Schritte der Hoffnung" schildert Annemarie Kury, wie sie auf einer ihrer vielen Fahrten in Bosnien verhaftet wurde. Umstellt von Soldaten, bleibt sie im Auto sitzen und schaut sich „die Augen der Einzelnen genau an" und möchte damit signalisieren: „Ich vertraue euch, vertraut mir auch!" Und dann schreibt sie: „Da fin-

de ich gute Augen und bekomme gefühlsmäßig Kontakt – mit dem und nur mit dem werde ich sprechen."[42]

Rainer Maria Rilke verdanken wir eine besonders feinsinnige und berührende Beschreibung der Augen. Er beobachtet einen Panther im Käfig hinter Gitterstäben. Was er sieht und ins Wort bringt, erlebt der Leser, noch dazu, wenn er immer wieder in vergleichbare Menschenaugen schauen kann, als eine Infragestellung und ein Sinnbild seiner Welt und der Menschen in ihr. Wie überhaupt der Mensch sich eine eigenartige Pädagogik zurechtgelegt zu haben scheint. Um es besser zu verstehen und dabei zunächst draußen zu bleiben, erzählen wir Geschichten von anderen, am besten von Tieren. Dann können wir in aller Ruhe behandeln, was uns auch selbst betrifft. Jedenfalls wirken die Augen schwer depressiver Menschen vergleichbar haltlos, dunkel und leer, wie der Dichter die Augen des Panthers beschreibt. Und wenn nach Wochen oder Monaten der Behandlung ein Patient mich fragt, ob das seit Jahren in der Praxis hängende Bild neu sei, dann weiß ich, dass er neue Augen bekommt, dass sein Blick sich aufhellt und die Welt, wie sie sich ihm zeigt, wieder in sich aufnehmen kann.

DER PANTHER[43] (Im Jardin des Plantes, Paris)

Sein Blick ist vom Vorübergehn der Stäbe
so müd geworden, daß er nichts mehr hält.
Ihm ist, als ob es tausend Stäbe gäbe
und hinter tausend Stäben keine Welt.

Der weiche Gang geschmeidig starker Schritte,
der sich im allerkleinsten Kreise dreht,
ist wie ein Tanz von Kraft um eine Mitte,
in der betäubt ein großer Wille steht.

Nur manchmal schiebt der Vorhang der Pupille
sich lautlos auf –. Dann geht ein Bild hinein,
geht durch der Glieder angespannte Stille –
und hört im Herzen auf zu sein.

Duft oder Mief?

Kein Sinneseindruck gelangt schneller in das menschliche Gehirn als Geruch. Die Nase ist ein verlässlicher Kommunikator, wir nehmen damit den Geruch feiner Speisen wahr oder werden durch ein chemisches Frühwarnsystem vor dem Genuss verdorbener Speisen gewarnt. Sexualität wird in entscheidender Weise über den Geruchssinn gesteuert. Mit unserem Geruch verbreiten wir eine erste Botschaft, auf die unser Gegenüber un/bewusst reagiert. Von jemandem zu sagen, dass man ihn „nicht riechen" oder „gut riechen" könne, beschreibt das Gefühl, das uns der Geruchssinn aus nonverbalen olfaktorischen Eindrücken vermittelt. Auch die Räume unseres täglichen Lebens nehmen wir zuallererst über den Geruchssinn wahr und entscheiden instinktiv, ob wir uns darin wohlfühlen. Was Menschen auch aus anderen Konfessionen an katholischen und orthodoxen Kirchen besonders schätzen, ist ihre Sinnlichkeit in der Liturgie. Prachtvoll gestaltete Räume als Augenweide, herrliche Gesänge, Mark und Bein erschütternde Orgelklänge und nicht zuletzt duftender Weihrauch.

Im Jahre 1989 war ich Teilnehmer an der größten Wallfahrt in der Geschichte des Wallfahrtsortes Santiago de Compostela. Johannes Paul II. hatte Jugendliche aus der ganzen Welt zum IV. Weltjugendtag eingeladen. Eine halbe Million junger Menschen war gekommen: aus allen Ländern Europas, vom Atlantik bis zum Ural, aus Nord- und Lateinamerika, aus dem Mittleren Orient, aus Afrika, aus Asien und Ozeanien.

Ergreifend der einfache Ritus, den jeder Santiagopilger vollzieht: Am Eingang der Basilika, an der großartigen „Porta de la Gloria", legt der Pilger seine Hand an die Säule des Heiligen und verneigt sich, bevor er die Kathedrale betritt. Am Grab des Jakobus folgen dann Glaubensbekenntnis und persönliches Gebet; seinen Abschluss findet der Pilgerritus mit dem Kuss auf die Schulter der Jakobusstatue auf dem Hochaltar. Am Ende des Gottesdienstes schwingt der *botafumeiro*, das größte

Weihrauchfass der Welt, durch das mächtige Kirchenschiff und hüllt die ganze Gemeinde in eine duftende Rauchwolke ...
Der echte Weihrauch entsteht durch Verbrennen eines Harzes, das in Gestalt gelber Tropfen aus der Rinde des Boswelliabaumes gewonnen wird.[44] In der Antike war der Gebrauch dieses Harzes nicht auf den Gottesdienst beschränkt. Neben dem angenehmen Duft erfüllte er auch hygienische Zwecke.
Mahatma Gandhi soll von christlichen Missionaren gefragt worden sein, was sie denn seiner Meinung nach tun müssten, damit die Hindus die Bergpredigt verstünden. Und Ghandi soll geantwortet haben: „Denken Sie an das Geheimnis der Rose; alle mögen sie, weil sie duftet. Also duften Sie!"
Vor Jahren war es „in", „dufte" zu sagen – wenn schon keine Aufforderung zu „duften", so doch ein Ausdruck dafür, dass einem etwas positiv berührt, „von der Nase her" angenehm erscheint. Für „dufte" gibt es im deutschen Synonymwörterbuch nicht weniger als 39 verschiedene Umschreibungen.[45]
Wenn Ghandi sagt, dass einer, der etwas weitergeben will, duften solle, dann ist damit vielleicht das gemeint, was heute mit einem Modewort „Soft Skills" genannt wird: Jene Eigenschaften an uns, die wir schwer benennen, die wir aber erst dann merken, wenn sie uns fehlen, die großen und kleinen Selbstverständlichkeiten, die man eher riechen und schmecken als sehen und hören kann. Der „Geruch", der unseren Worten anhaftet, meint dann wohl das geheimnisvolle Gemisch aus allen kleinen und großen Selbstverständlichkeiten, die uns unverwechselbar machen; das können wir eher spüren als sagen, leichter „riechen" als definieren, es liegt eher „in der Luft" als „auf der Hand". Bei den Studentenunruhen 1968 in Münster hat ein Wort Flügel bekommen: „Unter den Talaren, der Mief von 1000 Jahren". Gemeint war wohl die Kritik daran, dass die Magnifizenzen und die Exzellenzen auf den kirchlichen und universitären Lehrkanzeln in ihren prächtigen Amtsroben nur Lösungen von gestern für die Probleme von heute anzubieten hatten. Kein neuer Duft. Nur alter Mief.

Worte schmecken

Seit über 10 Jahren begleite ich Menschen, die in ihrem beruflichen Alltag in mehrfacher Hinsicht viel zu reden haben; aus diesem Grund trainieren sie auch ihre rhetorischen Fähigkeiten und üben in freier Rede ihren Auftritt vor Publikum. Eine dabei immer wiederkehrende Frage dreht sich um das „Kochrezept" einer guten Rede – Ansprache – Predigt – Gratulation. Den Teilnehmern wird dabei sehr schnell bewusst, dass man im Grunde keine Stimme bilden und keine Redefähigkeit trainieren kann, ohne dass dabei auch der Mensch innerlich mitreift. Rhetorik ist deshalb nie nur Redetraining, sondern immer auch und wohl zuerst Schulung der eigenen Persönlichkeit. Wer den Mund auftut, bringt damit sein ganzes Leben zur Sprache; er/sie steht auf dem Podium nackter als im Sonnenbad, wie Kurt Tucholsky süffisant angemerkt hat. Was ein/e RednerIn dann sprachlich zu bieten hat, sollte – wie beim Essen – frisch aus der Küche serviert werden, nicht abgestanden und alt, sondern unverdorben, leicht und bekömmlich sein. Auch die Speisenfolge kann als Leitgedanke bei der Erstellung einer Rede behilflich sein: Zuerst „ein kleiner Gruß aus der Küche", für alle überraschend, weil nicht bestellt, aber eine Freude für Leib und Seele, dann die Vorspeise, nicht zu schwer und gut abgeschmeckt, die Appetit auf mehr macht, gefolgt von der Hauptspeise, die den großen Hunger stillt, aber nicht zu dick aufträgt, damit noch Platz für die Nachspeise bleibt. Wie bei einem guten Essen, so sollte man auch eine gute Rede mit einer kleinen Nachspeise abschließen, mit einem Tüpfelchen auf dem „i", damit sie möglichst lange in Erinnerung bleibt. Natürlich sind das Bilder und keine Rezepte, aber es könnte ein Leitgedanke sein, mit dem wir uns darauf vorbereiten, anderen Menschen etwas zu sagen, das ihnen schmeckt. Eine liebevolle Kommunikation setzt eine gründliche Vorbereitung voraus, so wie ein Koch lange vor dem Servieren einer Mahlzeit die Speisenfolge gut abgeschmeckt haben muss.

Von einem Text oder einer Rede sagen wir manchmal, um die Wirkung zu beschreiben, es wäre „schwere" oder „leichte Kost" gewesen, „schwer" – oder eben „gut verdaulich". Auch Worte werden „von innen her" verkostet und geprüft, wie „gut" sie sind, Alltagsgericht oder Festtagsmenü.
Wie wir unseren Geschmacksinn trainieren können und in der Folge feine Nuancen und Varianten zu unterscheiden vermögen, so können wir auch im Umgang mit dem Wort Achtsamkeit trainieren und das, was wir sagen, vor dem Aussprechen „abschmecken" und „verkosten", abwägen, welches Wort bei welchem Menschen zu welcher Gelegenheit wie wirken mag. Worte sind in der Weisheit des Asklepios das erste Medikament gegen die Not der Seele; dabei können Worte wie bittere Pillen schmecken; oder aber, wie wir sagen, in die falsche Kehle geraten. Immer muss sich deshalb der/die Helfende und Redende der Ambivalenz des zugesprochenen Wortes bewusst sein. Was den einen aufrichtet, kann den anderen entmutigen. Worte sind keine Patentrezepte, ihr Gebrauch erfordert „Geschmack", Fingerspitzengefühl und Sorgfalt.

Sechster Sinn

Das einem Menschen zugeschriebene besondere Ahnungsvermögen, seinen „Riecher", wie wir auch sagen, bezeichnen wir gerne als seinen „sechsten Sinn". Nach Meinung von Experten handelt es sich dabei um ein im Gehirn (im Stirnlappen) verankertes Frühwarnsystem, das bei Gefahr Alarm schlägt. Wie immer wir diesen sechsten Sinn auch beschreiben, er ist mehr als die Summe von Hören, Sehen, Tasten, Riechen und Schmecken. Ohne genau sagen zu können, was es ist – wir spüren, wenn etwas nicht stimmt. Dadurch sind wir in der Lage, hinter die sprachliche Maske der täglichen Kommunikation zu blicken, den eloquenten, geschliffenen Redner als „eiskalt" zu entlarven und hinter den ängstlich stotternden Worten des

Gratulanten seine echten und aufrichtigen Gefühle zu spüren. Der „sechste Sinn“ ist wohl auch dafür verantwortlich, dass ein Publikum merkt, was ein/e RednerIn von ihm hält. Hoch- und Tiefstapelei am Podium werden so gleichermaßen durchschaubar.

Kreativität als „siebter Sinn“

Vielen Künstlern, denen ich in meinem Leben bisher begegnen durfte, verdanke ich eine Qualität von „Sinn“-lichkeit, die neugierig macht und einlädt, die sogenannte „Realität“ auch in anderem Licht „wahr“-nehmen und erleben zu können. Denn das Lebendige führt, wo es wesentlich wird, ins weite, wortlose Feld. „Nur einen Steinwurf weit führt mich das Wort“ heißt es in einem Gedicht des Kärntner Schriftstellers und Lyrikers Michael Guttenbrunner (1919–2004). Nicht nur bei Freude und Schmerz, in allen Momenten tiefster Berührung reichen uns die Worte nicht, um auszudrücken, was in uns vorgeht. In allen Jahren meiner seelsorglichen und therapeutischen Tätigkeit hat es mich zu Musikern, Dichtern und bildenden Künstlern hingezogen. Ihre „Sprache“ – gewissermaßen als „siebter Sinn“ – ist immer wieder in der Lage, die Sprachgrenze zu überschreiten. Künstler sind damit im besten Sinne des Wortes wie Kinder, die man noch nicht eingeschüchtert hat, die noch den Mut haben, die alte Ordnung in Frage zu stellen und sie außer Kraft zu setzen, nicht im Namen der Anarchie, sondern im Namen einer höheren Ordnung, die sich nicht mit Regeln begnügt, sondern sich auf die Suche begibt nach dem, wovon und wofür man leben kann. Ein Aphorismus von Arnold Schönberg lautet:
„Kunst ist der Notschrei jener, die an sich das Schicksal der Menschheit erleben. Die nicht mit ihm sich abfinden, sondern sich mit ihm auseinandersetzen. Die nicht stumpf den Motor ‚dunkle Mächte‘ bedienen, sondern sich ins laufende Rad stür-

Seite 53:
1: „O Heiland, reiß die Himmel auf, herab, herab vom Himmel lauf. Reiß ab vom Himmel Tor und Tür, reiß ab, wo Schloss und Riegel für."
Himmelspflüger. Hofmeister 2008, Stahl/Laserschnitt:
Museum für Quellenkultur in Klein St. Paul, Kärnten
(Foto: Kulterer)

2: „ … doch als man ihm nach einem wuchtigen tritt
die lippen rundum von den zähnen schnitt
sah man ihn an, erst ratlos, dann erstarrt
wie er im lächeln unentwegt verharrt."
Lamm. Hofmeister 2009, Aluguss:
Museum für Quellenkultur in Klein St. Paul, Kärnten
(Foto: Kulterer)

Seite 54:
„Plötzlich kam aus dem Himmel ein Brausen – wie von einherfahrendem gewaltigem Schnaufen. Und es füllte das ganze Haus, darin sie saßen. Und sichtbar wurden ihnen – sich verteilend – Zungen wie von Feuer. Und sie setzten sich auf jeden von ihnen."
Kunsthaus kärnten:mitte. Hofmeister 2008–2009,
Stahl/Laserschnitt, 5,3 m x 5,3 m x 2,7 m:
Museum für Quellenkultur in Klein St. Paul, Kärnten
(Foto: © www.karlheinzfessl.com)

Seite 55:
„Sie waren alle außer sich und wußten nicht ein noch aus – sagte einer zum andern: Was mag das sein?"
Kunsthaus kärnten:mitte. Hofmeister 2008–2009,
Innenansicht, Stahl/Laserschnitt, 5,3 m x 5,3 m x 2,7 m:
Museum für Quellenkultur in Klein St. Paul, Kärnten
(Foto: © www.karlheinzfessl.com)

Seite 56:
„Zungen wie von Feuer"
R 150/60. Hofmeister 2008, Aluguss:
Museum für Quellenkultur in Klein St. Paul, Kärnten
(Foto: Taschwer)

zen, um die Konstruktion zu begreifen. Die nicht die Augen abwenden, um sich vor Emotionen zu behüten, sondern sie aufreißen, um anzugehen, was angegangen werden muss. Die aber oft die Augen schließen, um wahrzunehmen, was die Sinne nicht vermitteln, um innen zu schauen, was nur scheinbar außen vorgeht. Und innen, in ihnen, ist die Bewegung der Welt; nach außen dringt nur der Widerhall: das Kunstwerk." [46]
Die Künstlerin Silvia Bächli vertrat die Schweiz bei der 53. Biennale 2009 in Venedig. Was sie in Zusammenarbeit mit ihrem Lebenspartner Eric Hattan offerierte, sind zeichnerisch festgehaltene „Augenblicke", „Stills" oder „Memos" dessen, was sie auf Spaziergängen oder bei Begegnungen an Eindrücken mitnimmt. In einem Gespräch mit Heinz-Norbert Jocks wurde sie danach gefragt, warum ihr ihre Form des Zeichnens so wichtig sei. Ihre Antwort: „Zeichnend lässt sich etwas anderes sagen als mit Worten. Wenn man zeichnet, dringt man in die Räume, die zwischen den Wörtern liegen. Wer sich eine Zeichnung anschaut, versucht Wörter zu finden, um zu bezeichnen, was er sieht. Aber ich realisiere jedes Mal, wenn mir ein Wort dazu einfällt, dass es nicht bezeichnet, was ich sehe. Hin und wieder hat man ein Wort auf der Zunge, aber es lässt sich letzten Endes doch nicht mit Wörtern ausdrücken."[47]

4. Die Sprache am Krankenbett

„Solange sich in den Krankenhäusern die Ärzte nur für die Körper und nicht für die Seele interessieren, von welcher sie anscheinend soviel wie nichts wissen, müssen wir die Krankenhäuser als Anstalten nicht nur des öffentlichen Rechts, sondern auch des öffentlichen Mordens bezeichnen und die Ärzte als Mörder und ihre Vollzugsgenossen. Als einem sogenannten Privatgelehrten aus Ottnang am Hausruck, der wegen einer sogenannten Merkwürdigkeit in das Vöcklabrucker Krankenhaus eingeliefert worden war, der Körper vollkommen untersucht worden war, hatte er, wie er in einem Leserbrief an die medizinische Fachzeitschrift Der Arzt schreibt, gefragt: und die Seele? Worauf ihm der Arzt, der seinen Körper untersucht hatte, geantwortet hat: seien Sie still!“[48]

„Keine Seele“, so lautet der Titel dieser Kurzgeschichte aus Thomas Bernhards „Stimmenimitator“. Auch wenn sie gut erzählt ist, wirkt sie hart, fast gnadenlos, aber manchmal, siehe weiter unten, hat man den Eindruck, dass sie so ganz aus der Luft gegriffen nicht sein kann. Wie sehr auch heute noch unter Ärzten dem Begriff Seele gegenüber Vorbehalt herrscht, ist schwer zu sagen. Immerhin war vor Kurzem in einer österreichischen Tageszeitung vom Rektor einer Medizinischen Universität zu lesen, dass ein guter Arzt Liebe und Verstand brauche, er müsse „von Liebe beseelt und von Verstand geleitet“ sein.[49]

Der Medizinethiker Matthias Beck beklagt in einem Interview[50], dass die Medizin den ganzen Menschen aus dem Blick verloren habe. Es fehle die Zeit für Gespräche mit den Patienten. Stattdessen würden Medikamente, vor allem zu viele Psychopharmaka verteilt. Im chirurgischen Bereich könne man manche Operation und sogar Organtransplantationen vermeiden, wenn man die Menschen zu einem anderen Lebenswandel bewegen könnte. Dazu aber bräuchte es Prävention, Aufklärung, Bildung und Erziehung sowie Zeit für den Patienten. Weil aber Medizin immer noch vor allem eine *evidence based medicine*, also eine nur von objektivierbaren Einsichten und Messbarkeiten geleitete wäre und ihr von den Krankenkassen auch nur für Messbares und Greifbares das Geld bereitgestellt würde, sei die Erfüllung dieses Wunsches wohl noch in weiter Ferne. Weil Gespräche und ihre Wirksamkeit so schwer messbar seien, drücke man sich auch davor, sie zu finanzieren. Darüber hinaus seien Ärzte im Bereich der Gesprächsführung schlecht ausgebildet, deshalb sei die Effizienz dieser Gespräche womöglich niedrig und deswegen würden sie auch schlecht honoriert. Ein sich selbst lähmender Teufelskreis.

Die Ausnahmesituation als Regelfall

„Leben ist das, was passiert, während wir andere Pläne schmieden." Dieses John Lennon zugeschriebene Wort unterstreicht, unter welcher Grundmelodie sich der Alltag in unseren Krankenhäusern abspielt. Den Ärzten, Schwestern und Pflegern im Krankenhaus muss man zuallererst zugutehalten, dass sie tagtäglich hervorragende Arbeit leisten. Ihre Patientinnen und Patienten kommen in der Regel nicht gerne, sondern aus lebenserhaltendem Reflex, geschockt, genervt, gekränkt, voller Angst und Unsicherheit. Mit diesen vermischten Gefühlen in schwierigen Ausnahmesituationen professionell umzugehen braucht viel Geduld und hohe Professionalität.

Die erste Intervention neben aller professionellen Erstversorgung und weiterer medizinischer Betreuung ist und bleibt aber die menschliche Erreichbarkeit. Menschen in helfenden Berufen müssen deshalb in erster Linie „Mensch" sein, d. h., sich in

allen Lebenslagen als Menschen erweisen und bewähren. Erst dann kann greifen, was berufliche Ausbildung zusätzlich anzubieten hat. Bei ärztlichen Kunstfehlern z. B. ist es erwiesen, dass die Betroffenen nicht in erster Linie deswegen zu Gericht gehen, weil Ärzte Fehler machen, sondern deshalb, weil Ärzte bei „Kunstfehlern" ihre Patienten „von oben herab" behandelt und als Menschen versagt haben.
Ein Gedicht von Susanne Hennemann trägt den Titel „Ein Mensch"[51]:

Da findet man einen Menschen
der ein Mensch ist
ein Mensch bleibt
und die Menschen für Menschen hält
weil er ein Mensch ist
Unfassbar
so ein Mensch

Das Wort als Instrument der Heilkunst

Das Wort als erstes Mittel menschlicher Heilkunst verdanken wir der Ethik des Kult- und Heilgottes Asklepios. Nicht dass es in Vergessenheit geraten wäre, aber im Wettstreit mit Salbe, Pulver und Messer nimmt es unbezweifelbar den untersten Stellenwert ein. „Zuerst heile durch das Wort, dann durch die Arznei und zuletzt mit dem Messer", so lautete im Heiligtum des Asklepios noch die Devise.
Matthias Varga von Kibed[52] unterscheidet in der menschlichen Sprache drei Ebenen: die normative, die deskriptive und die kurative Ebene. Normativ ist Sprache dort, wo sie Normen vorgibt und Regeln verkündet, deskriptiv, wenn sie beschreibt, was vorgefunden wird, wie etwa in der Diagnose. Die kurative Ebene stellt aber für die ärztliche Praxis wie für Psychotherapie und Seelsorge die wesentlichste Dimension der Sprache dar. Mit ihr steigt die Wahrscheinlichkeit, dass die Kur wirkt, ein

Mensch wieder aufgebaut, ermutigt und geheilt wird. Der Gebrauch der Sprache in der menschlichen Kommunikation ist dann als Instrument „richtig“ und verantwortbar eingesetzt, wenn kurativer, deskriptiver und normativer Anteil je nach Thema und Inhalt in einem ausgewogenen Verhältnis zueinander stehen.

Die Sprache in der Medizin vereint zumindest zwei Paradoxa in sich: Zunächst einmal ist es für das Verständnis medizinischer Befunde wesentlich, unser umgangssprachliches Verstehen auf den Kopf zu stellen. In der Medizin gilt: Positiv ist negativ und negativ ist positiv. Ein negativer Befund lässt aufatmen und ein positiver erschreckt.

Zweitens behindert eine überaus komplizierte, für den internationalen Forschungsdialog durchaus nützliche Fachsprache den Dialog am Krankenbett. Eine „Übersetzung“ braucht Zeit und Geduld, nicht nur beim Patienten. Die Zeit aber für diese „einfache Übersetzung“ bleibt oft trotz guten Willens ein frommer Wunsch. Weiters kann ich mich des Eindrucks nicht erwehren, dass Medizin sich dort, wo sie am wenigsten gesicherte Ergebnisse vorzuweisen hat, gerne hinter einer komplizierten Sprache versteckt. Beispielsweise ist es der Medizin auch heute noch nicht möglich, sich die Entstehung von Wahnerkrankungen schlüssig zu erklären. Man könnte also sagen: Wir wissen es nicht! Oder: Dabei spielen unübersehbar viele Faktoren eine krankheitsbegünstigende Rolle! Medizinisch geredet hört sich das viel geheimnisvoller an: Paranoia ist ein „nosologisch unspezifisches Syndrom multifaktorieller Genese“! Das verleitet zu einem Ehrgeiz in die falsche Richtung. Wie auch sonst in unserem beruflichen Alltag, so wünsche ich mir gerade in der Medizin täglich „kleine Pfingstwunder“, von denen Adolf Muschg[53] in einem Interview spricht:

Im Gespräch mit Roman Bucheli wünscht er sich, dass wir die Welt auch in ihren Unbegreiflichkeiten besser begreifen lernen, wenn wir uns über das hinaus, was uns im Moment beschäftigt und/oder quält, auch für das interessieren, was andere bewegt oder quält. Im Blick zurück wünsche er sich selbst nichts mehr, als dass er beispielsweise die Physik des 20. Jahrhunderts oder die Errungenschaften der Mathematik so weit verinnerlicht hätte, dass sie ihn auch beim Zähneputzen begleiten. Das Beste, was er von seinem beruflichen Alltag mitgenommen hätte, wären kleine Pfingstwunder gewesen, die sich im alltäglichen Gespräch ereignet hätten. Wenn Kollegiaten verschiedener Disziplinen einander erklären lernten, was sie treiben, hätten sie es plötzlich selbst besser begriffen. Und so wäre das Miteinander zu einem wunderbaren Generator von Kontexten geworden für den Text der eigenen Forschung. Schon in der Bibel habe das Pfingstwunder ja nicht darin bestanden, dass alle dieselbe Sprache gesprochen hätten, sondern dass offenbar jeder die Sprache des anderen zu verstehen begonnen habe. Die Wissenschaften könnten sich das große Wort Lichtenbergs nicht genug gesagt sein lassen: „Wer nur die Chemie versteht, versteht auch die nicht recht."[54]

René Descartes hat den verhängnisvollen Satz gesagt: „Ich denke, also bin ich." Seither ist „rationales Denken" großgeschrieben und alles, was mit „Gefühl" zu tun hat, verdächtig, das Exerzierfeld der „Gutmenschen" zu sein. Descartes' Satz hat so eine bis heute andauernde Einseitigkeit bewirkt. Man war der Meinung, dass der menschliche Verstand allein mit den Schwierigkeiten, die sich ihm im Leben entgegenstellen, fertig werden und alle seine Entscheidungen aufgrund der Vernunft und nüchterner Abwägung treffen müsste. Diese strikte Trennung von Vernunft und Gemüt, von kognitiver Erkenntnis und Gefühl ist bis heute noch nicht beseitigt.

Auch die allgemein anerkannte psychologische und psychiatrische Wissenschaft hatte lange geglaubt, die intellektuellen, kognitiven Fähigkeiten des Menschen und seine emotionalen Eigenschaften und Bedürfnisse getrennt voneinander untersuchen zu können. Im letzten Jahrhundert standen hier Sigmund Freud und der Schweizer Psychologe Jean Piaget als repräsentative Vertreter einander gegenüber. Erst der Schweizer Psychiater Luc Ciompi vermochte in seinem Buch „Affektlogik" zu zeigen, dass es keine Erkenntnis, keine Erfahrung, keinen Wissenszuwachs im Leben eines Menschen geben kann, ohne dass diese von einem bestimmten affektiven Grundton begleitet wären. Damit war klar, dass es den „Nicht-Affekt" gar nicht geben kann.[55]

Die Macht der Zunge

Worte können aufbauen oder niederreißen, in die Irre gehen oder ins Schwarze treffen. Worte sind zweischneidige Schwerter. Im Zweiten Testament spricht der Brief des Jakobus in anschaulichen Bildern von der Macht der Zunge: „Wenn wir den Pferden den Zaum anlegen, damit sie uns gehorchen, lenken wir damit das ganze Tier. Oder denkt an die Schiffe: Sie sind groß und werden von starken Winden getrieben, und doch lenkt sie der Steuermann mit einem ganz kleinen Steuer, wohin er will. So ist auch die Zunge nur ein kleines Körperglied und rühmt sich doch großer Dinge. Und wie klein kann ein Feuer sein, das einen großen Wald in Brand steckt." (Jak 3,3–5)
In einer Palliativstation eines österreichischen Krankenhauses ereignete sich an einem 30. Dezember folgendes Gespräch zwischen dem betreuenden Arzt und seinem Patienten, der soeben aus den Weihnachtsfeiertagen ins Krankenhaus zurückgekehrt war:

Arzt: Grüß Gott!
Patient: Grüß Gott, Herr Doktor!
Arzt: Wie geht es Ihnen?
Patient: Danke, Herr Doktor, gut! Vor allem habe ich es sehr genossen, Weihnachten daheim mit meiner Frau feiern zu können.
Arzt: Das freut mich für Sie. Denn wahrscheinlich werden das wohl Ihre letzten gemeinsamen Weihnachten gewesen sein.

Oder:

Auf der Lungenabteilung eines österreichischen Krankenhauses fragt der Chefarzt bei der Visite einen Patienten: „Spucken Sie schon Blut?“ Der Patient verneint. Darauf erwidert der Chefarzt im Weitergehen: „Das kommt noch.“

Wahrheit in diesem Sinne ist eine Zumutung! Zumutbar ist die Wahrheit (eines Befundes) nur, wenn sie mir nicht als nasser Lappen um die Ohren geschlagen, sondern als wärmender Mantel behutsam angeboten wird. Gute Ärzte wissen das, und sie wissen auch, dass sie, was den Krankheitsverlauf eines Menschen betrifft, keine Hellseher sein können. Mit atypischen Verläufen ist immer zu rechnen. Und mit ehrgeizigen Prognosen ist niemandem geholfen.
Natürlich gibt es täglich auch unzählige positive Beispiele empathischer Zuwendung. Ein Chirurg z. B. sagte zu einer Patientin, nachdem er ihr die Hand gegeben hatte: „Ihre schönen Hände erinnern mich an die Hände meiner Großmutter.“ Jeden Tag freute sich diese Patientin auf die Visite, weil sie sich nicht nur als Fall ernst genommen, sondern auch als Mensch wertgeschätzt wusste. Ein einziger Satz im richtigen Ton hatte genügt, die Routine zu durchbrechen und einer Patientin das Gefühl zu vermitteln, dass sie in unverwechselbarer Weise wahrgenommen wurde.
In der Umgangssprache hat sich im Deutschen eine interessante Vielfalt unserer Anteilnahme am Befinden unserer Mitmenschen herausgebildet:
Die Frage „Wie geht es Dir?“ zielt dabei auf das subjektive Erleben unter Einschluss des unbewussten „Es“, so als wollte man sagen, sag mir's, soweit es dir bewusst ist und du „es“ sagen kannst.
Mit der Frage „Was hast Du denn?“ zielt man eher auf die diagnostische Ebene und sieht in der Krankheit gewissermaßen einen „Besitz“, etwas, das man „hat“. In der Psychologie spricht man in diesem Zusammenhang auch vom „sekundären Krank-

heitsgewinn“, d. h., die Krankheit ist auch für etwas „gut“, sie verschafft uns z. B. eine längst fällige Ruhephase.
Die Frage „Was fehlt Dir?“ spricht hingegen das menschliche Element und ein persönliches Defizit an, während die Frage „Was ist los mit dir?“ zuerst darauf hinweisen will, dass etwas auch für andere wahrnehmbar aus dem Lot geraten ist.
Solches Fragen steht im Dienst des Erfassens der Gesamtheit persönlicher Befindlichkeit und meint damit auch die andere Seite der Krankheit und der Gesundheit. Denn Gesundheit und Krankheit sind fließend-dynamische Zustände, die sich durch gezielte Kommunikation und Interpretation schneller erkennen und heilen lassen. Je mehr wir von einer nur aufgrund von objektivierbaren Einsichten und Messbarkeiten geleiteten Medizin zu einer zutiefst menschlichen Medizin voranschreiten, d. h., je mehr wir von der normativen über die deskriptive zur kurativen Sprache am Krankenbett finden, umso größer werden die Erfolgschancen auf allen Ebenen sein können. Auch für das ärztliche Team und das Pflegepersonal ist es ein beglückendes Gefühl, in glückliche und dankbare Patientenaugen schauen zu dürfen.
Im Umgang mit der Wahrheit am Krankenbett oder in der ärztlichen Praxis lautet die Frage daher nicht mehr nur: Welche Krankheiten hat ein Mensch?, sondern: Woran leidet er und was will/kann seine Krankheit als verschlüsselte Botschaft zum Ausdruck bringen? Oder einfacher gesagt: Die Aufmerksamkeit verlagert sich vom Befund zum Befinden, von der Frage „Was haben Sie?“ zur Frage „Wie fühlen Sie sich?“ und „Was kann ich dazu tun, dass sich daran etwas ändert?“ Erwin Ringel hat gern an den Grundsatz eines seiner Lehrer erinnert: Wir müssten, um ihm helfen zu können, einen Patienten zuallererst „wahr“-nehmen, d. h. das, was er uns zeigt oder auch verbirgt, als ein Stück der Wahrheit anerkennen und ihm so sein „Sein“ lassen.

Leitlinien für Gespräche am Krankenbett

Die Grundvoraussetzungen für ein gutes Gespräch sind vergleichbar mit den Grundvoraussetzungen für eine gute Rede: Anstatt sich vor dem Publikum zu fürchten, sollte ein Redner sich überlegen, ob es nicht gute Gründe gibt, das Publikum, vor dem er sprechen wird, zu „mögen“. Das Publikum spürt, was ein Redner von ihm hält, und genauso spürt es auch ein Gesprächspartner im Vieraugengespräch, in welcher emotionalen Verfassung ihm der Andere gegenübersitzt. Es lohnt sich in der Vorbereitung, negative Gedanken in positive zu verwandeln. Positive Gedanken schaffen ein besseres Klima. Anstatt zu denken „Hoffentlich vergesse ich nichts“, wobei man sich dabei auf das konzentriert, was schiefgehen könnte, ist der Gedanke „Ich habe etwas Brauchbares zu sagen“ um vieles hilfreicher und schafft ein besseres Klima.

Darüber hinaus ist beim Einzelgespräch aber das Einfühlungsvermögen und das Vertrauen zwischen den Gesprächspartnern von zentraler Bedeutung. Zuallererst muss der Raum, in dem das Gespräch stattfindet, dafür geeignet sein. So habe ich vor ein paar Jahren bei meinem ersten Besuch den Warteraum einer Arztpraxis nach ein paar Minuten wieder verlassen, weil ich mit allen anderen Wartenden das Arzt-Patienten-Gespräch aus dem Behandlungsraum mühelos mitverfolgen konnte/musste. Eine weitere wichtige Voraussetzung für ein gutes Gespräch am Krankenbett ist die zur Verfügung stehende Zeit. Je mehr Zeit angeboten wird, umso weniger Druck lastet auf dem Gespräch.

Helga Lemke[56], eine Pionierin in diesen Fragen, prägte in über dreißigjähriger Arbeit die Ausbildung von Diakoninnen und Diakonen und begleitete Pastorinnen und Pastoren in Oldenburg, Sachsen und Schaumburg-Lippe. Ihre Kurse in partnerzentriertem Zuhören waren von so nachhaltiger Art, dass sie von Ärzten gebeten wurde, einen Arzt-Seelsorge-Kursus als Training für aktives Zuhören anzubieten. Ärzte und Ärztinnen wollten gemeinsam mit Seelsorgerinnen und Seelsorgern das Zuhören „trainieren". Einige der dabei immer wiederkehrenden Schwerpunkte bilden die Grundlage für die folgenden vom Autor geringfügig ergänzten Leitlinien, die natürlich keine festgeschriebenen Gesetze, sondern Orientierungshilfen sein wollen.

• Zuhören können setzt uneingeschränkte Aufmerksamkeit voraus. Die Intensität der Aufmerksamkeit lesen Gesprächspartner aus den Augen ihres Gegenübers, darin zeigt sich, wie „präsent" sie sind. Aktives Zuhören setzt Übung voraus. Dabei ist der Andere im Mittelpunkt des Interesses. Das bedeutet auch: Zurückhaltung mit eigenen Beiträgen fördert die Entfaltungsmöglichkeit des Gesprächspartners.
• *Nicht unterbrechen*, wenn der Partner sich stark selbst exploriert. *Unterbrechen*, wenn er zu viele Gefühle anbietet oder zu sehr im Erzählen äußerer Sachverhalte bleibt. Es lohnt sich, durch vorsichtiges Einladen und Nachfragen nach dem Kern des Problems zu fragen.
• Pausen gewähren und selber Pausen aushalten. Das ist eine der schwersten Herausforderungen eines Gesprächs. Aber gerade in Gesprächen mit sehr ernstem Inhalt und in schwierigen Lebenslagen ist das Aushaltenkönnen von Pausen ein wesentlicher Liebesdienst, der für den Partner als wohltuend empfunden wird. Jedes gute Gespräch kommt aus gesammelter Stille, braucht diese zwischendurch, um das Besprochene auch ankommen zu lassen und verdauen zu können, und führt wieder in die Stille, die als wohltuend empfunden wird.
• Jede Äußerung wichtig nehmen. Mitunter wird das Problem in einer nebensächlichen Äußerung signalisiert. Manchmal versteckt/verdeckt sich nach meiner Erfahrung die Lösung eines Problems hinter Formulierungen, die am Anfang oder zum Abschluss eines Gespräches fallen, gewissermaßen im

Weggehen oder im Vorfeld, wo das Gespräch vermeintlich noch gar nicht begonnen hat …

- Auf das achten, was nicht gesagt wird: „Bitte höre, was ich nicht sage!“ Das Wesentliche kommt oft verdeckt, maskiert, verkleidet daher, es artikuliert sich hinter den Worten und zwischen den Zeilen, es legt sich schweigend dar. Ein wesentlicher „Gesprächspartner“ in solchen Momenten sind Augen und Hände. Wie Augen blicken und was Hände tun, während nicht gesprochen wird, gibt eine Ahnung davon, was im Inneren des Gesprächspartners vor sich gehen mag.
- Vorsichtiges Eingreifen bei Formulierungsschwierigkeiten, bei der Prüfung, ob man richtig verstanden hat, bei starken Ängsten. Nachfragen, wie das Gehörte zu verstehen ist, ob man richtig verstanden hat, und auch zusammenfassen, was man glaubt verstanden zu haben.
- Auf sich selbst achten. Gelingt es, eine partnerschaftliche Haltung zu verwirklichen, aufgrund eigener emotionaler Betroffenheit das Gespräch nicht zu stören, durch Beobachtung Übertragungsphänomene bei sich selbst und beim Partner zu erkennen, das eigene Verhalten selbstkritisch zu reflektieren?
- Keine Urteile fällen. Das positive und negative Urteil ist durch eigene Wertmaßstäbe gekennzeichnet. Wertungen lösen Ängste aus und wenden die Aufmerksamkeit des Gespräches vom Patienten weg.
- Keine Ratschläge erteilen. Das Erfassen einer persönlichen Situation ist kaum möglich. Die Selbstständigkeit des Partners wird durch Ratschläge beeinträchtigt. Merke: Ratschläge können sehr leicht zu Schlägen werden!
- Bemitleidende Worte vermeiden. Sie verstärken negative Emotionen oder führen zu Auflehnung und Protest.
- Keine gönnerhafte Haltung oder schnell tröstende Worte. Der Partner fühlt sich nicht ernst genommen und merkt, wenn Trost aus zu eifriger Routine zugesprochen wird.
- Fragestellungen vermeiden. Nur so wird die Achtung vor der Persönlichkeit des Partners gewährt, andernfalls zwingt man

ihn zu Aussagen, die ihm vielleicht unangenehm sind, oder schafft Extremsituationen.

• Möglichst detailliert sachliche Informationen geben. Zurückhaltung von Informationen stört das Vertrauensverhältnis oder wird als unecht empfunden.

• Nicht die eigenen Gefühle und Empfindungen auf den Partner übertragen. Auf dessen Empfindungsmöglichkeiten zu achten fördert die Einsicht in die Zusammenhänge seiner Gefühle.

• Nichts in den Gesprächsverlauf hineinmanipulieren. Auch wenn man als Vertrauensperson Zusammenhänge mitunter schneller überblickt, geben Geduld und Toleranz dem Partner die Chance, sein Problem selbst zu lösen.

• Rechtzeitig von äußeren Gegebenheiten auf die emotionale Ebene kommen. Das erspart Zeit, da die Verarbeitung einer Problematik nur auf emotionaler Ebene möglich ist. (Jeder unserer Gedanken ist von Affekten begleitet.)

• Das Gespräch in die Gegenwart führen. Was von der Vergangenheit berichtet wird, hat noch Gegenwartsbedeutung. Leitfrage für den Zuhörer: „Warum erzählt er/sie das?"

• Auf Widersprüche nur vorsichtig aufmerksam machen. Konfrontation führt zu Unsicherheit und ängstlicher Selbstbeobachtung.

• Sich nicht auf intellektuelle Auseinandersetzungen einlassen. Je intellektueller, sachbezogener ein Gespräch geführt wird, desto mehr verbirgt es das eigentliche Problem. Rationalisierungen sind oft symptomatisch für Kommunikationsängste („organisierter Widerstand").

• Möglichst nicht über eine Äußerung lachen oder Verwunderung ausdrücken. Andernfalls entsteht das Gefühl, nicht ernst genommen zu werden.

5. Lachen ist gesund: Humor als Medizin

Zwei stolze Großbauern in unmittelbarer Nachbarschaft hatten sich ein Leben lang wegen des Verlaufes einer Grundstücksgrenze unversöhnlich zerstritten. Da erkrankte einer der beiden schwer und ließ den Nachbarn an sein Sterbebett rufen. Der betrat die Stube mit gesenktem Blick. Zögernd streckte ihm der Kranke seine Hand entgegen mit den Worten: „Samma wieda guat?“ Darauf der Nachbar: „Wånn'st manst, dånn samma wieda guat!“ Darauf der Sterbende: „Wånn i åba nit stirb', bleibt ålls beim Åltn!“

Warum lachen wir und worüber lachen wir, wenn wir lachen? Lachen kann viele Gründe haben: Zunächst einmal lachen wir, weil Lachen ansteckend ist, dafür sorgen unsere Spiegelneuronen. Ein lachendes Gesicht steckt genauso an wie ein trauriges. Jeder Mensch steht immer wieder im Mittelpunkt einer mehr oder weniger großen Tragikomödie. Dabei wäre es wichtig, zuerst über sich selbst zu lachen, bevor das andere tun können, wie Elsa Maxwell gemeint hat. Wir lachen bei einer solchen Geschichte vielleicht wohl auch als potenzielle „Genossen“, denen bisher ein solches Schicksal erspart geblieben ist. So besehen kann Lachen auch ein befreites Aufatmen sein im Sinne von „wir sind noch einmal davongekommen“. Demgegenüber gibt es aber auch eine Art des Lachens, die den Zuschauern das Lachen vergehen lässt …

Die neurohormonale Bedeutung des Lachens

Der US-amerikanische Neurologe William Fry stellte in kontrollierten Untersuchungen (1989 und 1993) fest, dass ausgiebiges Lachen zu einem Abbau von Stresshormonen führt und dass nach einem ausgiebigen Lachen die körpereigene Hormonproduktion zum einen gesteigert wird und zum anderen die Zirkulation gewisser Immunsubstanzen für Stunden erhöht ist. Herzhaftes Lachen übt auf das neurovegetative System eine Schockwirkung aus, die das gesamte Herz-Kreislauf-System aktiviert.

Der amerikanische Schlafforscher James K. Walsh hatte schon im Jahre 1928 angenommen, dass die Widerstandskraft des Organismus gegen Krankheit erhöht ist, wenn ein Mensch häufig und regelmäßig lacht, was durch die Befunde der modernen Lachforschung ausdrücklich bestätigt wird. Das sind Ergebnisse eines Forschungsgebietes, das als „Gelotologie" (abgeleitet von griech. *gelos* = „Lachen") bezeichnet wird.

Neuere gelotologische Erkenntnisse zeigen, dass beim Lachen bestimmte körpereigene Hormone, die sogenannten Katecholamine Adrenalin und Noradrenalin, in den Blutkreislauf ausgeschüttet werden. Sie rufen eine wirksame Entzündungshemmung hervor und üben auch einen positiven Einfluss bei Krebs und Herzkranzgefäßerkrankungen aus. Auch für die körpereigene Immunabwehr ist Lachen von besonderer Bedeutung, da es Zellen im Körper eliminieren kann, die durch eine virale Infektion geschädigt wurden. Entsprechendes gilt für Tumorzellen.[57]

Aus dem Gesagten folgt, was der Volksmund schon lange weiß: „Lachen ist gesund!"

Lachen ist auch ein verlässlicher Indikator, ob unser tägliches Stresspensum noch verträglich ist. Wo der Überblick nicht mehr gegeben ist und das Wasser bis zum Hals reicht, vergeht

einem das Lachen. Lachen können ist so gesehen immer auch eine psychologische Standortbestimmung: Wer es noch kann, dem geht es noch „gut". In besonders schlimmen Situationen spricht man dabei vom „Galgenhumor". Immer wieder berichten Menschen, dass ihnen der nicht abhandengekommene Humor über vieles hinweggeholfen hätte. Ludwig Hirsch hat einmal bei der Präsentation einer seiner CDs gemeint: „Wenn man sich selber ein bisschen auslachen kann, wenn man sich selbst ‚ausschmunzelt', dann funktioniert das Leben!"

Rote Nasen

„Rote Nasen" ist eine Vereinigung von Ärzten und Therapeuten, die es sich zum Ziel gesetzt haben, durch Krankenbesuche die Kranken (vor allem Kinder) von der Beschäftigung mit der Krankheit wegzulocken. Sie machen sich die Erkenntnisse der Gelotologie zunutze und stellen sie kranken Kindern zur Verfügung.

Die Vereinigung „Rote Nasen" schreibt auf ihrer Homepage[58]: „Menschen lachen überall auf der Welt. Doch wenn sie ihr Lachen verlieren, ist es ein Zeichen für schwindende Lebenskraft. Eine schwere Krankheit, ein Aufenthalt im Krankenhaus oder eine schmerzhafte Therapie übersteigt oft die seelischen Kräfte von kleinen, aber auch großen PatientInnen. Humor und Lachen öffnen gerade in dieser Situation die Tür zu Zuversicht und innerer Lebenskraft. Mit Humor ist es möglich, schwierige Lebenslagen aus anderen Blickwinkeln zu entdecken und mit dem Lachen Ängste, Schmerzen und Traurigkeit abzubauen."

Basierend auf wissenschaftlichen und künstlerischen Erkenntnissen bilden „Rote Nasen" professionelle darstellende KünstlerInnen zu „Clowndoctors" aus, die bei kranken und leidenden Menschen in Krankenhäusern und sozialen Einrichtungen regelmäßig Visite machen. Sie bringen Fröhlichkeit und Unbeschwertheit und stärken die gesunden Kräfte im kranken Menschen, um so das Gesundwerden zu fördern.

Humor schafft Distanz

Das Wort „Humor" kommt aus dem Lateinischen und bedeutet ursprünglich „Feuchtigkeit" oder „Flüssigkeit". Weiters bezieht es sich auf die Körpersäfte (lat. *humores*) Schleim, Blut, schwarze Galle und gelbe Galle. Ihre jeweilige Dominanz galt für die antike Temperamentenlehre, wie sie vom griechischen Arzt Galen[59] überliefert wurde, als Ursache für die typologischen Besonderheiten von Phlegmatikern (zu viel Schleim), Sanguinikern (zu viel Blut), Melancholikern (zu viel schwarze Galle) und Cholerikern (zu viel gelbe Galle). Jeder Körper hat sein individuelles Gleichgewicht dieser Säfte. Geraten die Säfte ins Ungleichgewicht, kommt es zur Krankheit. Ein „guter Humor" hängt nach dieser Ansicht von einem ausgeglichenen Verhältnis dieser Körpersäfte ab. Das ist zwar medizinisch mittlerweile längst überholt, aber psychologisch immer noch gut gesagt und als Bild durchaus brauchbar. Einen Menschen, der keinen Humor hat, bezeichnen wir deshalb auch als „trocken", und einen, der das Lachen verlernt hat, als „tierisch ernst", weil Tiere, wie schon Aristoteles beschrieben hat, nicht lachen können.[60]

Sigmund Freud, der – obwohl selbst eher „trocken" – dem Humor in gründlichen Studien breite Aufmerksamkeit geschenkt hatte, unterscheidet den Humor von der Komik und vom Witz. Humor hat für ihn nicht nur etwas Befreiendes, sondern auch etwas Großartiges und Erhebendes. Und das Großartige des Humors sieht Freud „im Triumph des Narzissmus, in der siegreich behaupteten Unverletzlichkeit des Ichs". Das Ich verweigert es, sich durch die Realität kränken und zum Leiden nötigen zu lassen, „es beharrt dabei, dass ihm die Trau-

men der Außenwelt nicht nahe gehen können, ja es zeigt, dass sie ihm nur Anlässe zu Lustgewinn sind".[61]
Besonders anschauliche Beispiele siegreich behaupteter Unverletzlichkeit zeigen sich im Umgang mit dem Thema „Tod", wie z. B. in dem russischen Sprichwort „Was fürchtest du den Tod, Väterchen? Es hat noch keiner erlebt, dass er gestorben ist" oder in dem Satz „Der Tod ist die Art und Weise, wie einem die Natur sagt, dass man leisertreten muss". Ganz in diesem Sinn ist die eigenartige Paradoxie der Wiener Heurigenlieder zu verstehen, wenn sie sich z. B. den Tod dadurch auf Distanz zu halten versuchen, dass sie mit ihm Bruderschaft trinken. Der Tod als Kumpel wird zum „Freunderl", mit dem man es sich richten kann. Von Mark Twain wird ein in diesem Zusammenhang launig-philosophischer Gedanke berichtet: Es gebe nichts Sinnloseres auf der Welt als eine Friedhofsmauer, denn wer draußen steht, will noch nicht hinein, wer drinnen liegt, kann nicht mehr heraus. Wozu also eine Mauer?
Freud beschließt seine Studie über den Witz mit den Worten: „Die Euphorie ... ist nichts anderes als die Stimmung ... unserer Kindheit, in der wir das Komische nicht kannten, des Witzes nicht fähig waren und den Humor nicht brauchten, um uns im Leben glücklich zu fühlen."[62]
Im Unterschied zu Freud war Alfred Adler ein gemütlich-humorvoller Mensch. Seine Behandlungspraxis war geprägt vom Grundgedanken, dass ärztliches Handeln in „sozialer Gleichwertigkeit" begründet ist. Der Klient und der Therapeut haben dabei die Vereinbarung getroffen, „in einer Atmosphäre, die von gegenseitigem Respekt und Kooperation geprägt ist, als Gleichwertige miteinander zu arbeiten". Die Bedeutung einer humorvollen, heiteren Gemütsverfassung als Ausdruck seelischer Gesundheit ist von Adler immer wieder herausgestellt worden. Dies mag zunächst ein Ausdruck seiner eigenen Lebenseinstellung gewesen sein, die – ganz im Gegensatz zu der zurückhaltenden Behandlungspraxis Freuds – von augenzwinkernder, fröhlicher Offenheit geprägt war. Adler begrün-

det diese humorvolle Offenheit durch Hinweise auf die „sozial verbindenden Affekte" der Freude und Heiterkeit. Diese sind für ihn wichtige Kennzeichen psychischer Gesundheit. Heitere Menschen seien demnach „gute Menschen" und die Züge der Heiterkeit seien ein verlässliches Kennzeichen des Gemeinschaftsgefühls:

„Es sind Menschen, die ein heiteres Wesen haben, nicht immer bedrückt und besorgt einhergehen, auch die anderen nicht immer zum Objekt oder Träger ihrer eigenen Sorgen machen, die es über sich bringen, im Zusammensein mit anderen Heiterkeit auszustrahlen, das Leben zu verschönern und lebenswerter zu machen. Man spürt den guten Menschen nicht nur in ihren Handlungen, in der Art, wie sie sich uns nähern, mit uns sprechen, auf unsere Interessen eingehen und für dieselben wirksam sind, sondern auch in ihrem ganzen äußeren Wesen, in ihren Mienen und Gebärden, in freudigen Affekten und in ihrem Lachen. Ein tiefblickender Psychologe, Dostojewski, sagt, dass man einen Menschen am Lachen viel besser erkennen könne als aus langwierigen psychologischen Untersuchungen."[63]

Gute Witze enthüllen, was Ideologien verbergen. Sie entwerten oder relativieren, was idealisiert wird. Und sie werten so manches auf, was im herrschenden Bewusstsein abgewertet wird. Gute Witze werden so zu „Kleinkunstwerken besonderer Art", weil sie sich der „hergestellten Dummheit" (Alexander Mitscherlich) entziehen, diese entlarven und ein im doppelten Wortsinn „e-normes Bewusstsein" (Karl Marx) zum Ausdruck und zur Sprache bringen. Gute Witze und das Darüber-lachen-Können schaffen Distanz. Humor muss aber, damit er nicht einseitig auf Kosten anderer praktiziert wird, auf einer wohlwollenden Einstellung beruhen. Aus einer ärgerlichen und gereizten Grundstimmung kann Humor nicht gelingen. Dann besteht die Gefahr, dass humorvolle Äußerungen zynisch oder sarkastisch wirken und die Beziehung verschlechtern. Es lohnt sich daher, bei humorvollen Bemerkungen auf das verbale und nonverbale Feedback der Gesprächspartner zu achten. Es heißt zwar: „Lachen ist die beste Medizin!“ Aber auch diese Medizin versagt manchmal oder hat unbeabsichtigte Nebenwirkungen. Im Bereich der Apsis an der Außenwand der Pfarrkirche in Tainach im zweisprachigen Gebiet Unterkärntens befindet sich eine Grabinschrift, über deren Inhalt viel gerätselt wurde und bis heute Unklarheit herrscht:

Hier ruht Josephus Messerer,
ein schwacher Tenorist und lacht,
dass er ein Besserer dort in dem Himmel ist.
War geboren zu Schwatz in Tyrol den 23.ten August 1693
lebte fromm, redlich, friedsam, starb den 19. Juni 1768.

Die Sangesfreude der Kärntner ist sprichwörtlich. Den Bewohnern des südlichsten Bundeslandes wird nachgesagt, dass drei von ihnen bereits einen Gesangsverein bilden. Es ist daher vorstellbar, dass einer, der aus Tirol stammt und in Kärnten lebt, in den Augen der Kärntner nur ein „schwacher Tenorist“ sein könne. Für diesen Fall hätte die Tainacher Grabinschrift mit sichtlichem Vergnügen dem Verstorbenen das letzte Wort gesichert: Wer zuletzt lacht, lacht am besten!

Das Lächeln

Wie wir aus unserer Alltagserfahrung wissen, gibt es verschiedene Arten nicht nur des Lachens, sondern auch des Lächelns, vom unwillkürlichen, spontanen Lächeln bis hin zum Lächeln, das willensgesteuert von bestimmten sozialen „Darbietungsregeln“ abhängig ist. Diese konventionellen Regeln geben an, wer welches Gefühl in welcher Situation wem gegenüber zu welchem Zeitpunkt zeigen darf. Demgegenüber gibt es ein Lächeln aus der Tiefe persönlicher Überzeugung, das letztendlich – auch – dafür sorgen kann, dass einem anderen Menschen das Lachen vergeht. In besonders einprägsamer Weise zeigt das ein Gedicht von Christa Reinig mit dem Titel: Die Prüfung des Lächlers.[64]

für meine mutter,
die dem lächler das haupt gehalten hat.

als ihm die luft wegblieb, hat er gelächelt
da hat sein feind ihm kühlung zugefächelt
er lächelte, als er zu eis gefror
der feind rückt ihm die bank ans ofenrohr

er lächelte auch, als man ihn bespuckte
und als er brei aus kuhmist schluckte
er lächelte, als man ihn fester schnürte
und er am hals die klinge spürte

doch als man ihm nach einem wuchtigen tritt
die lippen rundum von den zähnen schnitt
sah man ihn an, erst ratlos, dann erstarrt
wie er im lächeln unentwegt verharrt.

Dieses einfache und lakonische Gedicht mit den einprägsamen, suggestiven Reimen, zeigt einen rätselhaft lächelnden Menschen. Wem gilt dieses Lächeln? Ihm selbst? Der Welt? Den Feinden? Wem auch immer es zugedacht ist, niemand kann ihm dieses Lächeln nehmen, auch nicht in der Tortur. Das erzählte Ereignis ist zeitlos und konkret zugleich, kann politisch und theologisch gleichermaßen verstanden und gedeutet werden. Ob damit die unverrückbare Glaubenstreue und/oder der Triumpf über den Feind, oder aber die nachhaltige, steinaushöhlende Kraft des Wassertropfens gemeint ist: In jedem Fall steht hier das Lächeln als innerster unüberwindbarer Rest der persönlichen Freiheit, der auch grausamster Tyrannei die Stirn zu bieten vermag und ihr den letzten Zugriff verwehrt.

6. Weinen und Klagen

„Weine nie über Dinge, die nicht über Dich weinen können." Dieses Lebensmotto von Sophia Loren verrät Christiaan Barnard in einem seiner Bücher.[65] Weinen und Klagen beziehen sich auch in unserem Kontext nicht auf Wertgegenstände, sondern auf den Verlust oder die Bedrohung von persönlicher Beziehung und Wertschätzung.

Viele Formen von Verlust vermögen Trauer auszulösen: der Tod eines geliebten Menschen, die Zurückweisung durch einen Freund/eine Freundin, eine/n Geliebte/n, der Verlust der Selbstachtung durch ein nicht erreichtes Arbeitsziel, mangelndes Lob und Anerkennung, Verlust der Gesundheit usw. Wir reden dann davon, dass wir bestürzt, enttäuscht, niedergeschlagen, deprimiert und entmutigt sind, aber keines dieser Worte mag stark genug sein, um auszudrücken, was passiert, wenn uns die Tränen kommen. Paul Ekman, der sich sein Leben lang mit diesen Phänomenen beschäftigt hat, nimmt für solche Momente unserer Emotion an, dass sie aus zwei Komponenten bestehen: aus Trauer und Verzweiflung.[66] Dabei sind die Augenblicke der Verzweiflung durch Auflehnung gekennzeichnet und die der Trauer eher durch Resignation und Hoffnungslosigkeit. Während die Verzweiflung noch versucht, aktiv mit der Ursache für den Verlust umzugehen, ist Trauer passiver, ausgebrannt, leer, erschöpft, kraftlos. Oft wirkt Verzweiflung, als ginge sie ins Leere und hätte keinen Sinn, dann nämlich, wenn man nichts unternehmen kann, um das Verlorene zu ersetzen. Dann erlebt ein/e Trauernde/r durchaus auch Momente des Zorns, Zorn auf das Leben, auf Gott, auf den Verstorbenen oder auf den Menschen, der ihm/ihr das Vertrauen, die Liebe entzogen hat. Der Zorn richtet sich aber auch auf die/den Trauernde/n selbst, wenn sie/er sich selbst als Schuldige/n anklagt, vor allem dann, wenn sie/er glaubt, dass sie/er das Unglück hätte verhindern können. Trauernde Menschen berichten, dass es Augenblicke gibt, in denen sie nicht wissen, wie sie ohne den (durch Scheidung oder Tod) verlorenen Menschen weiterleben können, oder fürchten, sich nie von dem Verlust zu erholen bis hin zum Wunsch, ihr Leben zu beenden.

Die Ohnmacht der Klage

Zorn und Verzweiflung können so weit gehen, dass jemand wie der Prophet Jeremia nicht davor zurückschreckt, sein Leben zu verfluchen. Mit „Jeremiade" bezeichnen wir deshalb auch in unserem Sprachgebrauch eine die eigene Geburt verfluchende Klage, wie sie der Prophet Jeremia in seiner Ausweglosigkeit geführt hatte, als er alle seine Lebenspläne zunichtegemacht und sein Leben in Trümmern sah:

Verflucht der Tag, an dem ich geboren wurde;
der Tag, an dem meine Mutter mich gebar,
sei nicht gesegnet.
Verflucht der Mann,
der meinem Vater die frohe Kunde brachte:
Ein Kind, ein Knabe ist dir geboren!
…
Warum denn kam ich hervor aus dem Mutterschoß,
um nur Mühsal und Kummer zu erleben
und meine Tage in Schande zu beenden? [67]

„Klagen" bedeutet in der deutschen Sprache zunächst „vor Trauer oder Schmerz schreien und jammern". In den Momenten der größten Not führt der Mensch Klage und Anklage, in seiner Ohnmacht weiß er nicht, wohin er sich wenden soll, und landet dann, ob sonst religiös oder nicht, bei Gott, vor

dem geklagt und der als Letztinstanz angeklagt und infrage gestellt wird.
Als Augustinus von Hippo unvermutet seinen besten Freund durch den Tod verliert, notiert er in sein Tagebuch: „Vom Schmerz darüber ward es finster in meinem Herzen, und was ich ansah, war alles nur Tod. Die Heimat war mir Qual, wunders unselig das Vaterhaus, und alles, was ich gemeinsam mit ihm erlebt hatte, war ohne ihn verwandelt in grenzenloser Pein. Überall suchten ihn meine Augen, und er zeigte sich nicht. Und ich hasste alles, weil es ihn nicht barg und nichts von allem mir noch sagen konnte: ‚Sieh, bald kommt er', so wie es ehemals gewesen, wenn er eine Weile nicht zugegen war. Ich war mir selbst zur großen Frage geworden, und ich nahm meine Seele ins Verhör, warum sie traurig sei und mich so sehr verstöre, und sie wusste mir nichts zu sagen. Und wenn ich ihr sagte: ‚Hoffe auf Gott', so gab sie billig kein Gehör: den wirklicher und besser war der Mensch, mit dem sie den liebsten verloren hatte, als der Truggott, auf den zu bauen sie geheißen war. Einzig das Weinen war mir süß, und es war an meines Freundes Statt gefolgt als die Wonne meines Herzens."[68]
Mehr als alles andere stellt der Tod eines geliebten Menschen die Lebenden infrage und erschüttert ihre vermeintliche Unsterblichkeit. Wer bin ich dann noch ohne ihn/sie, wenn er/sie nicht mehr ist? Nur das Weinen und Klagen ersetzt den Beweinten und Beklagten und die zu schnelle, um nicht zu sagen „billige" Rede von Gott entlarvt ihn in solchen Momenten als „Truggott".
Eine Mutter, die ihren 47-jährigen Sohn zu Grabe tragen musste, schrieb mir, wie viel Hilfreiches an Trost ihr zugedacht wäre und wie sehr sich trotzdem alles um sie herum verfinstert hätte und sie im Grunde nur die eine Frage bewege: „... was hilft das mir, wenn ich nur schwach, traurig und, was noch viel ärger ist, ohne Vertrauen bin. Es ist nicht das Hadern mit Gott, es ist viel ärger: Ich zweifle, ob es Gott überhaupt gibt. Jahrzehnte habe ich mich da anhalten können, habe mit Hiob um

das Vertrauen auch schon gerungen. Aber jetzt? …“ Nach diesen Worten der Klage und des Schmerzes mischt sich in ihr Schreiben ein Funken Zuversicht: „Sonntag habe ich noch im Bett die ‚Erfüllte Zeit‘ gehört, Dieter Dorner hat das Evangelium gelesen (seine Stimme höre ich gern) …“ Und aus dieser Stimme wie aus der Möglichkeit, jemandem davon zu berichten, schöpfte sie „einen Hauch von Vertrauen“.
In der größten Trauer hilft uns in unserer Ohnmacht die Stimme eines anderen Menschen, ihr Klang kann trösten, er wischt nicht die Tränen weg, gibt ihnen aber eine Richtung. Um wie viel mehr tröstet uns da eine Stimme, die nicht nur aus dem Radio kommt, sondern zu einem Menschen gehört, der uns vertraut ist. Nichts muss schmerzlicher sein als Tränen, die niemand sieht, und ein Weinen, das niemand hört. Reflexartig wenden wir uns zwar voneinander ab, wenn uns die Tränen kommen, aber wahrscheinlich geschieht das nicht aus Verweigerung, sondern aus einer Art Hoffnung, im Rückzug nicht allein gelassen und gesucht zu werden, wie damals in Kindertagen beim Versteckenspielen.

Die Kraft der Trauer

Unsere Kultur hat den Tod ausgebürgert. Im kollektiven Bewusstsein gehört er nicht zum Leben als dessen Ende; er wird als ein Einbrecher erlebt, den wir so lange wie möglich fernhalten. Diese Abwehr des Todes bewirkt, dass wir ihn durch Abschieben und Verdrängen nur noch bedrohlicher und unheimlicher machen. Natürlich sterben die Menschen auch heute. Aber sie scheiden in den Krankenhäusern aus dem Leben. So stören sie „unser Fest der Unsterblichkeit auf Zeit“ (Georges T. Roos) nicht. Tod, Krankheit, Älterwerden, die einschneidenden und entscheidenden Wenden des Lebens werden aus dem Alltag ausgeblendet und in Sonderbereiche verlegt. Unsere Sozialästhetik soll nicht durch leidende, behinderte, sterbende Menschen beleidigt werden. Und je mehr wir das Leiden und Sterben von uns wegschieben, desto mehr müssen wir die Fiktion des leidensfreien und unsterblichen Menschen aufrechterhalten. In anderen Kulturen, und früher auch in unserer, war der Tod ein Teil des Lebens. Man erlebte das Sterben der Großeltern und Eltern, anderer Verwandter und zur Großfamilie Gehöriger immer wieder als eine irgendwie entfernte Vorbereitung auf den eigenen Tod. Das Sterben im Kreis der Familie, die Krankenbesuche, die Verabschiedung und die religiösen Bräuche um Kranke und Sterbende waren solcherart nicht nur eine Sterbe-, sondern auch eine Lebensschule.

Stirb früher als ich, um ein weniges
früher

Damit nicht du
den weg zum haus
allein zurückgehn mußt

Dieses Gedicht von Reiner Kunze mit dem Titel „Bittgedanke, Dir zu Füßen"[69] macht deutlich, dass der Tod immer auch Beziehung trifft und dass der Tod als Ernstfall der Liebe diese Liebe so weit treiben kann, dass dem geliebten Menschen „um ein weniges früher" der Tod gewünscht wird, damit ihm der Schmerz erspart bliebe, den Weg vom Grab zurück ins leere Haus allein gehen zu müssen. In knappen Worten bringt dieses Gedicht die von vielen Betroffenen immer wieder berichtete Erfahrung zum Ausdruck, dass die ganze Last der Trauer oft erst dann so richtig zum Tragen kommt, wenn alles „erledigt" und das Begräbnis vorbei ist. Die Rückkehr ins leere Haus macht in aller Schärfe schmerzlich bewusst, dass nichts mehr so ist, wie es war. Und weil eben nichts mehr so ist, wie es war, muss im Trauerhaus zunächst alles so bleiben, wie es ist. Dadurch „bleibt" auch der/die Verstorbene irgendwie noch da …

Die Rede vom Schmerz angesichts des Todes ist immer in erster Linie eine Rede von Beziehung. Der Tod zerreißt ein Band. Tod bedeutet Abschied und existentielle Bedrohung, weil beim

Tod eines Menschen auch eine Beziehung stirbt und mit einem Menschen auch ein Teil derer begraben wird, die zurückbleiben. Darum greift der Trost Epikurs nicht, weil man nicht einfach zwischen Tod und Leben unterscheiden kann. Epikur[70] hatte gemeint, dass uns der Tod einfach nichts anginge: „Das schauerlichste aller Übel also, der Tod, geht uns nichts an; denn solange wir da sind, ist der Tod nicht da, wenn aber der Tod da ist, dann sind wir nicht mehr da. Er geht also weder die Lebenden an noch die Verstorbenen; denn die einen geht er nichts an, die anderen sind nicht mehr."[71]
Wer so denkt, betrachtet das Leben eines Menschen als in sich geschlossenes Ganzes, ohne das Netzwerk seiner Beziehungen zu bedenken. Wer dieses Netzwerk aber als wesentlichen Teil seines Lebens mitbedenkt, erlebt gerade durch den Tod eines geliebten Menschens deshalb auch die Infragestellung des eigenen Lebens. Betroffene reagieren darauf mit Traurigkeit, Verlustgefühlen, Verlassenheitsängsten, Hoffnungslosigkeit, Lächerlichkeit, Scham, Wut, Zorn usw. Solche und ähnliche Gefühle begleiten die Trauer. Diese Gefühle haben aber nicht nur mit dem verlorenen Menschen zu tun, sondern auch und vor allem mit der bisher erlebten persönlichen Geschichte der Hinterbliebenen. Alle früher erlittenen Erfahrungen von Abschied und Verlust werden durch einen Trauerfall im Leben eines Menschen wieder lebendig. Darum ist keine Trauer mit der Trauer eines anderen Menschen vergleichbar; jede Trauer ist einmalig; sie ruft alle bisher im Leben eines Menschen durchlebten Abschiede wieder wach.
Solchen Gefühlen stellt sich der Mensch nicht freiwillig und schon gar nicht gerne; er hofft auf die Zeit, die Wunder tut und alle Wunden heilt, und deckt sich mit Arbeit zu in der Hoffnung, dass dadurch alles leichter wird. Die Zeit der Trauer aber ist Schwerarbeit für die Seele, sie wird nicht durch die Zeit wettgemacht, sondern bedarf einer gründlichen „Bearbeitung", darum sprechen wir sinnvollerweise auch von „Trauer-Arbeit". Damit bezeichnen wir den Versuch, Gefühle der Trauer zu ver-

stehen und so zu bearbeiten, dass schmerzliche Erfahrungen als wesentlicher Teil des eigenen Lebens angenommen und integriert werden können. Trauern kann man lernen und daraus ein vertieftes Verständnis des Lebens gewinnen.

Der Trauerprozess und die Trauerarbeit müssen im Zusammenhang mit der Beziehung gesehen werden, von der sich ein Mensch lösen muss. Der Prozess des Miteinanderverwachsens wird durch den Tod endgültig abgebrochen. Darum sagen Trauernde sehr anschaulich, sie fühlten sich entzweigerissen, wie eine blutende Wunde, entwurzelt. Das verändert das ganze Leben. Man versteht sich selbst und die Welt nicht mehr. In dieser Zeit brauchen Betroffene „Engel" an ihrer Seite, behutsame Menschen, die äußerst sensibel und zurückhaltend auch mit ihrer Sprache umzugehen wissen. Ein zu schnell und damit zu billig formulierter Trost mag gut gemeint sein, gerade hier aber ist er ganz sicher nicht gut genug.

Trauerarbeit ist Erinnerungsarbeit, sagt Verena Kast, der wir zu diesem Thema ein sehr hilfreiches Buch verdanken.[72] Geschichten und Erinnerungen holen den Menschen wieder ins Leben und machen gleichzeitig bewusst, dass das Miteinander zu Ende ist. In den Geschichten ist die mitgesagte Emotion das Wichtigste. Darum ist es auch äußerst hilfreich, gemeinsame Erlebnisse immer wieder zu erzählen oder in Begleitung eines Trauerprozesses danach zu fragen, weil bei jedem Erzählen immer wieder neue und andere Nuancen zum Tragen kommen und neu bewusst werden.

Aus der Beobachtung von Trauernden, besonders aus den Träumen, die Trauerprozesse regelmäßig begleiten, kann der typische Ablauf eines Trauerprozesses beschrieben werden.[73] Mit leichten Veränderungen kann das auch auf andere Formen des Verlustes übertragen werden. So meinte z. B. eine Patienten vor 10 Jahren, als ich selbst gerade in Trauer um meinen verstorbenen Bruder war: Schwieriger als der Tod ist Scheidung. Einen Menschen an den Tod zu verlieren ist schmerzlich. Aber einen Menschen ans Leben zu verlieren ist schmerzlicher. Der Tod macht wenigstens ein Leben ganz. Die plötzliche Trennung von meinem Mann stellt mein Leben infrage. Angesichts aller glücklichen gemeinsamen Stunden frage ich mich, ob sie jemals ernst gemeint waren …

Ich habe damals dieser Frau nicht widersprochen. Sie wäre auch nicht in der Lage gewesen, über die Frage zu diskutieren, welcher Verlust schwerer wiegt. Klar war, und das war das Entscheidende: Im Moment trug sie schwer an ihrer Trauer und dafür brauchte sie mich als Klagemauer und nicht als Diskussionspartner.

Der Trauerprozess

Am Schicksal des Propheten Elija lässt sich der Beginn eines Trauerprozesses exemplarisch darstellen. Elija wandert eine Tagesreise weit in die Wüste hinein, weg von den Menschen, dort legt er sich unter einen Ginsterstrauch und wünscht sich den Tod. Vielleicht eine der frühesten biblischen Beschreibungen für das, was wir in heutiger Terminologie „Bilanzdepression“ nennen könnten:

Er selber aber ging in die Wüste hinein, einen Tagesweg.
Wie er so weit gekommen war, setzte er sich unter einen einsamen Ginsterbusch.
Er wünschte seiner Seele zu sterben,
er sprach:
Nun ists genug, DU,
nimm meine Seele,
ich bin ja nicht besser als meine Väter.
Er legte sich hin und entschlief unter dem einsamen Ginsterbusch.
Da rührte ein Bote ihn an,
der sprach zu ihm:
Erheb dich, iss.
Er blickte sich um, da,
zu seinen Häupten ein Glühsteinback und ein Krug Wasser.

Er aß und trank, dann legte er sich wieder hin.
Aber SEIN Bote kehrte wieder, zum zweitenmal,
und rührte ihn an,
er sprach:
Erheb dich, iss,
genug noch hast du des Wegs.
Er erhob sich, aß und trank,
dann ging er in der Kraft dieser Atzung
vierzig Tage und vierzig Nächte
bis zum Berge Gottes Choreb.[74]

Trösten

Die Begleitung im Trauerprozess ist schwierig und stellt eine große Verantwortung dar. Sehr oft geraten in dieses Feld mit viel gutem Willen „hilflose Helfer". In erster Linie müssen sie begriffen und es aushalten gelernt haben, dass es zunächst angesichts der Not eines betroffenen Menschen nichts zu sagen gibt. Tröstende müssen „Boten" sein und wissen, dass ihr wesentlichster Liebesdienst darin besteht, erreichbar und in der Nähe zu sein, sie sind sozusagen wie der Bote des Elija dafür verantwortlich, dass die Grundversorgung gewährleistet ist. Tröstende sollten wie die Freunde Ijobs sein, von denen das Erste Testament erzählt, sie hätten von der Not ihres Freundes gehört und sich aufgemacht, um ihn zu trösten. Und dann berichtet die Bibel, und vielleicht ist das zu unserem Thema überhaupt der bedeutendste Satz der Schrift: „Sie saßen bei ihm auf der Erde sieben Tage und sieben Nächte; keiner sprach ein Wort zu ihm. Denn sie sahen, dass sein Schmerz sehr groß war (Ijob 2,13)." Trauernde zu trösten bedeutet zuallererst, es aushalten zu können, dass der Tod stumm macht! Das gilt auch für die Begleitung und Betreuung bei schwerer Krankheit und anderen Schicksalsschlägen. Natürlich werden Tröstende und Helfende in solchen Situationen immer wieder mit Fragen unterschiedlichsten Inhalts konfrontiert. Diesen auszuweichen ist nicht die Lösung, aber anstatt mit Antworten zu „prahlen", ist es besser, nachzufragen und genauer wissen zu wollen, aus welcher Tiefe diese Fragen kommen. Trauernde erwarten auf ihre Fragen nicht in erster Linie Antwort, sondern Verständnis; was sie suchen, ist eine Klagemauer und kein Auskunftsbüro. Dazu braucht es einfühlsame Menschen, die es gelernt haben, „mit den Augen eines anderen zu sehen und mit dem Herzen eines anderen zu fühlen" (Alfred Adler).

Vier Phasen des Trauerprozesses

Nicht-wahrhaben-Wollen

Man weigert sich zunächst zu glauben, dass der geliebte Mensch wirklich gestorben ist. Betroffene stehen unter Schock und versuchen, sich vor den Gefühlen des Verlustes zu retten, indem sie sich einreden, alles wäre nur ein böser Traum. Diese Periode kann Stunden oder Tage dauern.

Aufbrechende chaotische Emotionen

Der Übergang zu dieser zweiten Phase geschieht nicht selten beim Anblick des/der Verstorbenen, weil man jetzt den Verlust nicht mehr verdrängen kann. Hier brechen auch sich widersprechende Gefühle auf wie Kummer, Angst, Zorn, Schuld, Sehnsucht, Liebe. Auch verhältnismäßig ruhige Zeiten gehören dazu, Stunden der Dankbarkeit oder gar Freude. Besonders häufig treten quälende Schuldgefühle auf, die durch das Suchen von Sündenböcken zunächst erfolgreich abgewehrt werden.

Es ist sehr wichtig, diese unangenehmen, verwirrenden Gefühle zuzulassen und in ihrer ganzen Widersprüchlichkeit auszudrücken. Das Ideal der tapferen Selbstbeherrschung mag zwar für die Mitmenschen angenehm sein, führt aber leicht zu einem Stillstand des Trauerprozesses. Nur wenn man diese

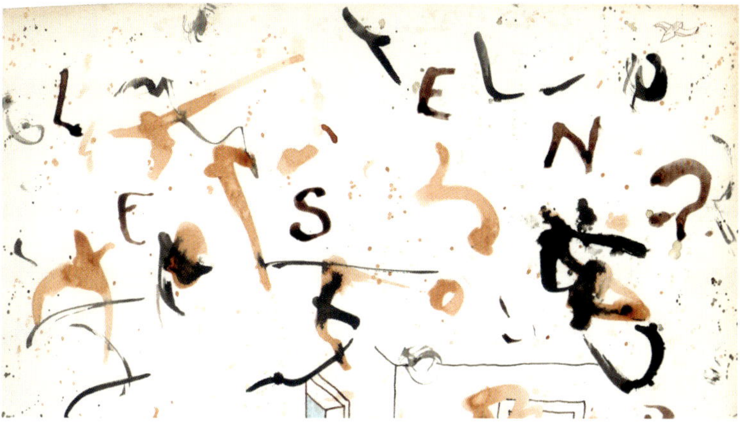

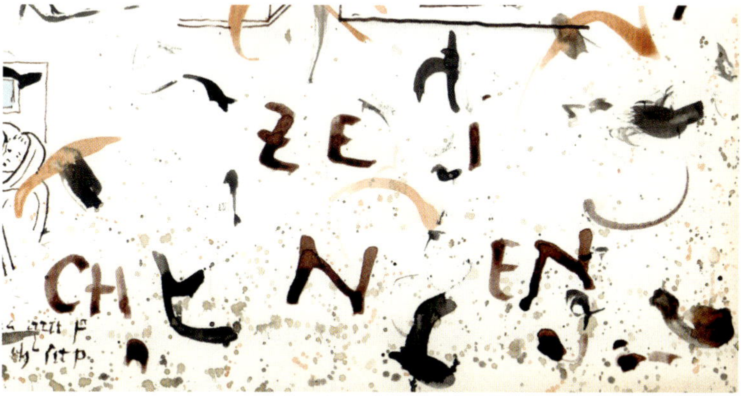

Harald Schreiber im Ohr des Ross

„…Und von dort kommt meist ein guter Geist…“

Seite 89:
„Liebe Kinder, da sitzt ihr nun, alphabetisch oder nach der Größe sortiert …“
Harald Schreiber 2000,
„*… Und von dort kommt meist ein guter Geist*“, Ausschnitt I.

Seite 90:
„Schreiben“
Harald Schreiber 2000,
„*… Und von dort kommt meist ein guter Geist*“, Ausschnitt II.

Seite 91:
1: „Lesen“
Harald Schreiber 2000,
„*… Und von dort kommt meist ein guter Geist*“, Ausschnitt III.

Seite 91:
2: „Zeichnen“
Harald Schreiber 2000,
„*… Und von dort kommt meist ein guter Geist*“, Ausschnitt IV.

Seite 92:
„Non vitae, sed scholae discimus –
nicht für das Leben, für die Schule lernen wir“
Harald Schreiber 2000,
„*… Und von dort kommt meist ein guter Geist*“,
Mischtechnik auf Papier, 29 x 41 cm, Gesamtansicht.

HARALD SCHREIBER

Geboren 1952 in St. Veit/Glan
Hochschule für angewandte Kunst Wien
Gestaltungslehre (Prof. W. Cermak)
Industrial Design (Prof. H. Hollein)
Akademie der bildenden Künste Wien
Architektur (Prof. G. Peichl)
seit 1983 Lehrer an der Universität f. angew. Kunst Wien.

Emotionen wirklich zulässt, kommt man in Kontakt mit jenen Energien, die die Verarbeitung des Verlustes in der dritten Trauerphase ermöglichen. Wir kommen dabei aber auch in Kontakt mit dem emotionalen Kern unseres Selbst.
Da wir in der Regel mit Gefühlen der Angst und des Kummers leichter umzugehen vermögen, ist die Begleitung der Bearbeitung von Wut und Zorn eine besondere Herausforderung, auch deshalb, weil die Umwelt ziemlich rasch signalisiert, Trauernde sollten schön langsam wieder „vernünftig" sein. Dabei sind sie meist schneller wieder gefasst, wenn sie ihre Gefühle offen zeigen durften, vielleicht dazu sogar ermuntert wurden. Gerade die Gefühle des Zorns sind wichtig, damit Trauernde nicht in der Depression versinken.
In dieser Zeit treten häufig Schlafstörungen und Appetitlosigkeit auf, ebenso eine erhöhte Anfälligkeit für Infekte. Hier bewahrheitet sich in beeindruckender Weise das Wort von Louis Pasteur: „Der Keim ist nichts, das Terrain ist alles."[75] Was kränkt, macht krank. Ein gekränkter, geschwächter Organismus ist anfälliger für Krankheiten aller Art. Betroffene fühlen sich in dieser Phase in besonderer Weise von der Welt und von anderen Menschen getrennt, dabei haben sie aber auch das Gefühl, den verstorbenen Menschen nun ganz und gar verloren zu haben.

Suchen – Finden – und Sichtrennen

Für diese Periode ist es typisch, dass der Verstorbene in der Erinnerung, aber auch in Träumen und Gesprächen mit anderen gesucht wird. Trauernde sind jetzt in Gedanken sehr mit dem Verstorbenen beschäftigt; dabei denken sie immer auch an sich und die Beziehung, die zwischen ihnen bestanden hat. Es ist die Zeit der Rückbesinnung auf sich selbst und die eigenen Wurzeln, auf das, was trägt und bleibt im eigenen Leben. Hier ist es wichtig, sich die Geschichte, die man mit einem Menschen hatte, ins Bewusstsein zu rufen und auch darüber zu reden. Erst der Tod macht ein Leben und damit eine konkrete

Beziehung „ganz". Solange jemand noch lebt, ist die Beziehung zu ihm noch nicht zu einem Abschluss gekommen; ganz anders wird sie im Gefühl und in der Erinnerung nach dem Tod präsent, weil nun nichts mehr verändert werden kann. Ein großer Liebesdienst in der Trauerbegleitung besteht nach meiner Erfahrung darin, gerade in dieser Zeit einen trauernden Menschen einzuladen, über das zu erzählen, was ihm in seiner Beziehung zum/r Verstorbenen besonders kostbar (geworden) ist.

Neuer Selbst- und Weltbezug

In der vierten Phase werden Beziehungen im Alltag kostbarer. Gehen Menschen nach einem Verlust, der betrauert worden ist, wiederum eine Beziehung ein, dann tun sie das in der Regel mit sich widerstreitenden Gefühlen. Sie wollen sich ganz einlassen auf einen anderen Menschen, wissen aber auch darum, dass Beziehungen endlich sind. Sie kennen den Preis einer Bindung, die Gefühle des Verlustes, die Zeiten der Trauer. In einem Liebesbrief heißt es: „Ich bin so glücklich mit Dir; wie viel Unglück ist darin wieder angelegt?" Ein solcher Satz ist vor der Erfahrung des Verlustes eines geliebten Menschen kaum denkbar.

Durch die Erfahrungen der Trauerphasen hindurch hat der/die Trauernde aber auch gelernt: Verluste können betrauert werden. Trauerarbeit ist harte Arbeit, aber sie muss einen nicht umbringen, sondern kann einen auch in bewussteren Kontakt mit sich selbst und mit neuen Seiten in sich selbst bringen. Todesbewusstsein wird so ein Aspekt des Selbstbewusstseins. Wer gelernt hat zu trauern, kann besser „abschiedlich" existieren und so auch besser mit der Erfahrung des Todes umgehen. Schon im alten Griechenland hatte man die Philosophie als „Ars Moriendi" begriffen, als Kunst, mit dem Tod umzugehen und sich als sterblich zu erleben.

7. Die Sprache der Vergebung

Mein Gott
sieht mein schlechtes Betragen.
Er kennt meine unsittlichen Gedanken.
Er ist dabei
wenn ich am Fuße der Leiter stehe
und der Krametter Christa
unters Kleid schaue.

Mein Gott
schreibt alles in ein Buch
und führt mich
wenn die Seite voll ist
zur Beichte.

Mein Gott
entläßt mich
mit zehn Vaterunser
und fünf Gegrüßet seist du Maria
und schlägt milde lächelnd
eine neue Seite auf.

Ich bedauere jeden
der keinen Gott hat.

Der Pfarrer meiner Heimatgemeinde war auch unser Religionslehrer in der Volksschule. Zweimal im Jahr, in der Advent- und Fastenzeit, führte er uns während des Unterrichtes in die nahe Pfarrkirche, wo er uns, wie die Leute zu sagen pflegten, „die Beichte abnahm". Auf „zehn Vaterunser" hatte ich es nach meiner Erinnerung nie gebracht, andererseits aber kommen mir „fünf Gegrüßet seist du Maria" als Buße wieder zu wenig vor. Jedenfalls war für mich die Beichte die erste bewusst wahrgenommene Gelegenheit zu einer „Redeübung“, wie das später im Gymnasium genannt wurde, ein Referat also, bei dem neben Sachkenntnis vor allem Fantasie und Geschick gefragt waren. Wenn mir beim Überdenken der Zehn Gebote keine Sünde eingefallen war, versuchte ich mir etwas einfallen zu lassen, das den Herrn Pfarrer erfreuen könnte, und wo ich sehr wohl etwas zu gestehen hatte, versuchte ich es sprachlich etwas „abzufedern“ und milder zu formulieren. In der Enge des Beichtstuhls mit dem Sprechgitter vor dem Mund war das eine eher schweißtreibende Angelegenheit. Nicht dass ich dabei gelogen hätte, die ganze Wahrheit aber kam selten zur Sprache. Je freundlicher der Ton, je väterlicher der „Beichtvater“, umso mehr hatte ich ihm zu bieten. Und ich liebte dieses Ritual, weil ich trotz der manchmal strengen Nachfrage des Pfarrers immer das Gefühl hatte, selbst entscheiden zu können, wie viel ich ihm anvertraue. Und was das Schönste war: Am Schluss, vor der Lossprechung sagte er, dass er in die Absolution alles einschließen möchte, auch das, was ich zu sagen vergessen habe. Das verschaffte mir eine Erleichterung, die keine andere Prüfung je in meinem Leben zuwege gebracht hatte. Deshalb liebte ich den gemeinsamen Gang unserer Schulklasse von der Volksschule zur Pfarrkirche, wo wir in Reih und Glied Aufstellung zu nehmen und einer nach dem anderen in den Beichtstuhl einzutreten hatten, um dort kniend unser Schuldbekenntnis abzulegen.

„O Gott, du hassest die Sünde, du strafest sie strenge und ich habe so viel gesündigt. Du bist voll Liebe gegen mich. Du bist für mich am Kreuz gestorben. Und ich habe dich so oft beleidigt. Es reut mich jetzt von Herzen. Ich will mich ernstlich bessern. Ich will nicht mehr sündigen, will auch die Gelegenheit zur Sünde meiden. Verzeih mir’s, barmherziger Vater!“

Mit diesem Gebet hatte jedes Bekenntnis im Beichtstuhl begonnen. „Gott hasst die Sünde und er straft sie strenge“, aber

„er liebt den Sünder, der ihn so oft beleidigt", erklärte uns der Pfarrer. Heute noch habe ich seine Stimme im Ohr. Später, viel später, aber lange vor meiner Lehranalyse, hatte ich an der Sinnhaftigkeit solchen Betens zu zweifeln begonnen und in Predigten vor dem Gebrauch dieses Gebetes gewarnt. Mit Gott wird gedroht („du hassest die Sünde, du strafest sie strenge"), durch Gott wird getröstet („du bist voll Liebe gegen mich"). Heute wundere ich mich, dass das nicht größere Verwirrung in meiner Kinderseele anzurichten vermochte. Ein solches Gottesbild jedenfalls war die Zielrichtung der Freud'schen Religionskritik, weil es neurotisch, abhängig, ängstlich und krank machen kann.

Gegen einen solchen Gott hat Tilman Moser protestiert: „Lieber Gott, ich möchte mit einem Fluch beginnen, oder mit einer Beschimpfung, die mir bald Erleichterung brächte ... Du warst einst so fürchterlich real, neben Vater und Mutter die wichtigste Figur in meinem Kinderleben ... Weißt du, was das Schlimmste ist, das sie mir über dich erzählt haben? Es ist die tückisch ausgestreute Überzeugung, dass du alles hörst und alles siehst und auch die geheimen Gedanken erkennen kannst ... In der Kinderwelt sieht das dann so aus, dass man sich elend fühlt, weil du einem lauernd und ohne Pausen des Erbarmens zusiehst und zuhörst und mit Gedankenlesen beschäftigt bist. Vorübergehend mag es gelingen, lauter Sachen zu denken oder zu tun, die dich erfreuen, oder die dich zumindest milde stimmen. Ganz wahllos fallen mir ein paar Sachen ein, die dich traurig gemacht haben, und das war ja immer das Schlimmste: Dich traurig machen – ja, die ganze Last der Sorge um dein Befinden lag beständig auf mir, du kränkbare, empfindliche Person, die schon depressiv zu werden drohte, wenn ich mir die Zähne nicht geputzt hatte. Also: Hosen zerreißen hat dir nicht gepasst; im Kindergarten mit anderen Buben in hohem Bogen an die Wand pinkeln hat dir nicht gepasst, obwohl gerade das ohne dich ein eher festliches Gefühl hätte vermitteln können; die Mädchen an den Haaren ziehen hat dich verstimmt; an den

Pimmel fassen hat dich vergrämt; die Mutter anschwindeln, was manchmal lebensnotwendig war, hat dir tagelang Kummer gemacht; den Brüdern ein Bein stellen brachte tiefe Sorgenfalten in dein sogenanntes Antlitz ...“[76]

Tilmann Mosers Gott, den er hier anspricht, ist ein Götze, den die in der Erziehung überforderten Eltern ihrem Kind als Rute ins Fenster gestellt haben mögen. Gegen diese Rute wettert er in einer Art modernem „Fluchpsalm“, um sich dadurch vom Gottesbild seiner Kindheit zu befreien.

Mittlerweile allerdings hat sich im Bereich der kirchlichen Seelsorge einiges verändert. Auch in der religiösen Sprache (auf katholischer wie auf protestantischer Seite) ist zumindest ein zarter Hauch von „Modernisierung“ zu spüren. Und vor katholischen Beichtstühlen fehlen inzwischen die Warteschlangen …

Glaubt man den Therapeuten, dann ist durch diesen Wandel die wichtigste Quelle der Schuldgefühle, ja der Schulderfahrung selbst, entlarvt und überwunden worden. Die kirchliche Bußpraxis und kirchlich verwaltete Schuldmentalität hätten nach der Meinung von Therapeuten zu verhängnisvollen Sackgassen im menschlichen Leben geführt und schwere seelische Erkrankungen nach sich gezogen. Demnach gipfelt eine solche Analyse in einer klaren Folgerung: Die Befreiung von der religiösen Rhetorik im Umgang mit der Schuld kann als ein qualitativer Fortschritt gesehen werden.

Ganz unbeteiligt an einer solchen Einschätzung ist die Kirche nicht, ja in hohem Maße sogar selbst schuld daran. Der Zusammenbruch der traditionellen Beichtpraxis kommt nicht von ungefähr. Beichte, wo sie noch praktiziert wird, trägt wenig zur Bewältigung der Schuld bei und produziert tatsächlich immer wieder krank machende Schuldgefühle: Durch die Fixierung der Sünde auf die Sexualität, durch eine rigide Sexualmoral und eine termingebundene „Beichtpflicht“ wurde die Beichte zu einem Ort der entwürdigenden Demütigung. Nicht Integration und Versöhnung fanden dort statt, sondern ständi-

ge Ausgrenzung! Je mehr der Sünder beichtete, umso öfter wurde ihm sein Status eines doppelten Außenseiters vor Augen geführt: Er erlebte sich als Außenseiter den anderen Frommen gegenüber, die anscheinend solche Probleme nicht hatten, und er erlebte sich als Außenseiter gegenüber seinen weniger frommen – sich des Lebens problemlos freuenden – Zeitgenossen.
Das Problem einer solchen krankmachenden Ausgrenzungserfahrung liegt zuallererst in der Sprache. Wo Sünden erfragt werden, so wie Kühen beim Melken die Milch abverlangt wird, kann keine Atmosphäre des Vertrauens, der Vergebung und der Ermutigung entstehen. Gerade hier macht der Ton die Musik, hier wie sonst nie entscheidet der Klang der Stimme über Verstandenwerden und Unverstandenbleiben. Das Fundament dieser Atmosphäre des Vertrauens wird in der Zentralnacht des Glaubens, im Exultet der Osternacht, hymnisch besungen: „O glückliche Schuld, welch großen Erlöser hast du gefunden!"
Im Blick auf die kirchliche Seelsorge muss leider vermutet werden, dass diese „glückliche Schuld" und das von Martin Luther daraus abgeleitete „Sündige tapfer!" gezielt vergessen, also verdrängt wurden und in der Folge zum Stiefkind christlicher Verkündigung verkommen mussten. Und so konnte/musste aus einer Religion der Vergebung eine Religion der Verdächtigung, eine Religion des Schlüssellochs und des Zeigefingers werden. Ihre vom Leben immer mehr losgelöste Predigt von der Schuldvergebung mutierte so eindrucksvoll zu einem innerkirchlichen „Stammtisch", von dem aus in „Anschuldigungsmentalität" Sündenböcke ausfindig gemacht werden sollten. Damit steht die kirchliche Seelsorge in einer unrühmlichen Tradition.
Schon der ägyptische Antiexodus-Mythos[77] erzählt davon, dass eine ansteckende Seuche im Land nur deswegen bewältigt werden konnte, weil die Götter die „Schuldigen" an dieser Seuche geoffenbart und einen Rettungsweg gezeigt haben: Die vielen Fremden, die im Land wohnten, aber auch die Aussätzigen und Kranken wurden vertrieben; Hunderttausende von Krüp-

peln und Kranken, von aussätzigen Juden sind des Landes verwiesen worden. Auf diese Weise ist nicht nur das Problem der Seuche bewältigt; es wurde auch die Schuld abgeschoben – auf die Vertriebenen.

Eine solche Vertreibungslogik finden wir nicht nur in Ägypten; wir finden sie in den unzähligen Geschichten der Bibel: wenn Außenseiter und Sünder vertrieben werden und das Volk sich dadurch immer wieder als „heilig“ neu erleben kann. Schuldbewältigung durch die Schuldabschiebung! Im Ersten Testament wird der „Sündenbock“ in die Wüste gejagt, dort stirbt mit ihm die Schuld des Volkes. Wir finden diese Abschiebung in den christlichen Erzählungen, wenn die Schuld auf den Teufel abgeschoben wird oder aber auf seine Gehilfinnen, die dann vertrieben und verbrannt werden. Diese Schuldbewältigungsstrategien als Ausweg aus der Sackgasse haben die Geschichte der Vertreibung fortgeschrieben nicht mehr im Namen der Götter oder auch Gottes, sondern im Namen von Nationen, Rassen und Klassen bis herauf in unsere Tage.

Die Jagd nach Sündenböcken, die Suche nach Schuldigen, „Aufklärung“ über die angeblich wahren Hintergründe: All das prägt inzwischen den Alltag des durchschnittlichen Zeitgenossen und nimmt ihm die ganze Last der Verantwortung von den Schultern: Solange wir Sündenböcke benennen können, brauchen wir über eigene Verstrickung in Schuld nicht nachzudenken. Dass von diesem Trend bis zum heutigen Tag auch die Kirche nicht frei ist, zeigte sich u. a. daran, wie Verantwortliche in der katholischen Kirche mit der Affäre Groër umgegangen sind. So haben päpstliche Visitatoren über Wochen die Hintergründe in Wien und Göttweig gründlich untersucht, um dann unter dem Siegel päpstlicher Verschwiegenheit wieder nach Rom zurückzukehren. Kein Wort der Erklärung, an Entschuldigung war ohnehin nicht zu denken.

Auch die Psychotherapie ist nicht frei von dieser Tendenz. Wenn sie nicht gründlich genug betrieben wird, befreit sie nicht von Schuld, sondern wälzt sie ab und gibt sie weiter. Wo

Therapie Versöhnung auf Kosten der Anderen bleibt, tritt nur die Kehrseite der radikalen Selbstbeschuldigung in der traditionellen Beichtpraxis zutage, vermutet Niewiadomski. Aus der Sicht einer (nicht gründlich genug betriebenen) Psychotherapie tragen ausschließlich die Anderen Schuld am seelischen Zustand eines Menschen, während aus der Sicht einer (einseitig praktizierten) Beichtpraxis immer der Einzelne es sein wird, der sich auf die eigene Brust klopfend anklagt: „Durch meine Schuld, durch meine Schuld, durch meine große Schuld!" Während der Beichtende zwischen dem Zustand der radikalen Sündigkeit und dem Ideal einer abstrakten Heiligkeit hin- und herpendelt, torkelt der Analysand zwischen Leidensdruck und Selbstbefreiung.

Moralische Schuld

In einem modernen Schuldbegriff wird Schuld als Schuldig-Sein thematisiert: als die verantwortliche Verfehlung eines moralischen Subjekts, das auch anders gekonnt hätte und dem eben deshalb sein schuldhaftes Verhalten zugerechnet werden kann. Dieses Verständnis ist für die Rechtsprechung von entscheidender Bedeutung; es prägt auch unsere pädagogischen, religionspädagogischen und psychologischen Konzepte. Es prägte auch die Logik der traditionellen Beichtspiegel.

Und doch: Dieser Ansatz darf die Theologen und Seelsorger nicht darüber hinwegtäuschen, dass die Strategie der „Zurechnungsfähigkeit" im biografischen Kontext allzu oft unfruchtbar, ja zerstörerisch werden kann. Sie verführt den Menschen ständig zum Selbsturteil, er hätte auch anders handeln, denken und fühlen können. Er hätte auch radikal gut sein können, und deshalb die Schuld nicht auf sich laden müssen. Mit einem Wort: Er hätte vollkommen sein können!

In einer konkreten Lebenssituation bedeutet aber die Abschaffung von Schuld nicht die moralische Vollkommenheit, sondern zuerst die Schuldverleugnung, die Schuldverdrängung, oder aber die Schuldabschiebung. Karl Rahner hat darauf hingewiesen, dass die moralische Interpretation der Schuld zu einer eigenartigen „Schizophrenie" führen kann: Wenn es um mich selber geht, bemühe ich alle Theorien und Mechanismen, um mein Selbstverschulden zu erklären, wegzudenken und zu entschuldigen, den anderen aber beschuldige ich ständig und eigentlich problemlos.

In Ingeborg Bachmanns Gedicht „Herbstmanöver"[78] heißt es: „Die Zeit tut Wunder. Kommt sie uns aber unrecht, mit dem Pochen der Schuld: wir sind nicht zu Hause."

Wie sonst auch, aber hier in ganz besonderer Weise, kommt es auf die Persönlichkeit eines Seelsorgers, einer Seelsorgerin, eines Therapeuten, einer Therapeutin an, auf seine/ihre persönliche „Präsenz", auf den Grundton von Liebe und Akzeptanz, mit dem er/sie in so heiklen Situationen eines persönlichen Bekenntnisses durchaus auch sein/ihr Gegenüber mit seiner Verantwortung konfrontiert.

So hatte sich Philipp Neri (1515–1595), ein beliebter und sehr humorvoller Seelsorger im Rom des 16. Jahrhunderts, vor allem als von vielen gesuchter „Beichtvater" einen Namen gemacht. Einer Frau, die ihm gestand, sie hätte über Rivalinnen die Unwahrheit verbreitet, soll er ohne Kommentar bis zum Ende ihrer Beichte zugehört und ihr dann zur „Buße" aufgetragen haben, mit einem Sack voller Hühnerfedern auf den Kirchturm zu steigen, den Sack von der Kirchturmspitze aus zu entleeren und dann herunterzusteigen und die Federn wieder einzusammeln. Auf den Hinweis der Frau, dass das unmöglich sei, weil der Wind die Federn in alle Himmelsrichtungen vertragen würde, soll er geantwortet haben: „Und genauso wirst du nicht mehr zurückholen können, was du über andere Falsches erzählt hast."

Das Gewissen

Oberster Maßstab unserer Entscheidungen ist das persönliche Gewissen des Einzelnen. Die Entfaltung des personalen Gewissens ist das unentbehrliche Kennzeichen einer gesunden Persönlichkeit. Die in der katholischen Moral darüber immer noch nicht abgeschlossene Diskussion sagt einerseits, dass das Gewissen eines katholischen Christen nur dann richtig gebildet ist, wenn es die Lehrvorgaben des päpstlichen Lehramtes im Gehorsam des Glaubens annimmt und in sein Leben integriert.

Dagegen aber hat es in der katholischen Tradition immer eine Stimme gegeben, die behauptet: Die höchste moralische Instanz eines Menschen, das höchste Gesetz ist sein eigenes Gewissen. Man hat in dieser Tradition sogar gesagt: Der Mensch ist subjektiv verpflichtet, seinem persönlichen Gewissen Folge zu leisten, auch wenn die Kirche meint, dass es objektiv irrt. Das bleibt auch weiterhin innerhalb der kirchlichen Auseinandersetzungen der elementare Maßstab für das Handeln von Menschen: Der Gewissensentscheidung des Einzelnen ist höchster Respekt zu zollen. John Henry Newman[79] hat diesbezüglich einen richtungsweisenden Satz formuliert: „Bevor ich das Glas auf den Papst erhebe, trinke ich auf mein Gewissen."

Viktor Frankl bezeichnet das Gewissen des Menschen als „Sinn-Organ" und definiert es als „die Fähigkeit, den einmaligen und einzigartigen Sinn, der in jeder Situation verborgen ist, aufzuspüren"[80], fügt aber hinzu, dass das Gewissen den Menschen auch irreführen kann. „Mehr noch: Bis zum letzten Augenblick, bis zum letzten Atemzug weiß der Mensch nicht, ob er wirklich den Sinn seines Lebens erfüllt oder sich nicht vielmehr nur getäuscht hat: ignoramus et ignorabimus. Dass wir nicht einmal auf unserem Sterbebett wissen werden, ob das Sinn-Organ, unser Gewissen, nicht am Ende einer Sinn-Täuschung unterlegen ist, bedeutet aber auch schon, dass der eine nicht weiß, ob nicht das Gewissen des anderen recht gehabt haben mag. Das soll nicht heißen, dass es keine Wahrheit gibt ...; aber niemand kann wissen, ob es er ist und nicht jemand anderer, der sie besitzt."[81]

Neurotische Schuld

Der Psychotherapeut muss anerkennen, dass es in der Psychotherapie moralische Probleme gibt, die nicht verharmlost und nicht „wegtherapiert" werden dürfen. Der Seelsorger andererseits sollte zumindest das kleine Einmaleins der Psychologie beherrschen (was leider Gottes über weite Strecken immer noch ein unerfülltes Desiderat zu sein scheint) und so ein Gefühl dafür entwickeln können, ob die Gewissenszweifel, die einen Menschen plagen, Ausdruck einer gesunden oder einer in einen besonderen Leidenszustand geratenen Seele sind. Mit einem Wort: Ein Seelsorger muss zwischen neurotischem Schuldgefühl und Realschuld unterscheiden können.

Neurotische Schuld lässt den Menschen im Kreis gehen und nicht von der Stelle kommen; es handelt sich dabei um eine „Schuld", die aus einer komplexen Anhäufung von Fremdbestimmung und Selbstvorwürfen zusammengesetzt erscheint; Menschen verlieren dadurch ihre Selbstständigkeit, fühlen sich klein und minderwertig, verhalten sich gefügig nach der Devise „blind gehorchen und aufs Wort parieren". Betroffene Menschen tragen schwer an dieser „Schuld"; wenn es gelingt, ihnen diese Last von den Schultern zu nehmen, fühlen sie sich „wie neu geboren". Mit viel Liebe und Geduld geleisteter „Hebammendienst" ist deshalb vielleicht eine geeignete Beschreibung, um diesen Kernbereich therapeutischen Handelns zu benennen. Es geht darum, verschüttete Liebe wieder zugänglich zu machen oder, wie Freud bescheiden anmerkte, dazu beizutragen, dass aus neurotischem Elend gewöhnliches Elend werden kann.

„Verlorener“ Sohn und barmherziger Vater

Das Evangelium des Lukas erzählt ein Gleichnis, mit dem sich auf unvergleichlich zärtliche Art zusammenfassen lässt, was Vergebung bedeutet und worin Beichte und Therapie bei allen notwendigen Unterscheidungen ihr Gemeinsames erblicken könnten:

„Ein Mann hatte zwei Söhne. Der Jüngere von ihnen sagte zu seinem Vater: Vater, gib mir das Erbteil, das mir zusteht. Da teilte der Vater das Vermögen auf. Nach wenigen Tagen packte der jüngere Sohn alles zusammen und zog in ein fernes Land. Dort führte er ein zügelloses Leben und verschleuderte sein Vermögen.“ (Lk 15,11–13)

Die Geschichte klingt modern. Das Ziel des jüngeren Sohnes heißt „Nichts-wie-weg-von-hier“, egal wohin. Die Welt erobern. Abenteuer. Freiheit. Nimm dir, was dir zusteht, und wandere, wohin dein Herz dich trägt! „Hans im Glück“. Im Rokoko hat man sich als Ziel einer solchen „(Aus-)Wanderung“ einen fixen Ort des Glücks vorgestellt, den *Locus amoenus*, zu dem ein Bächlein, eine Wiese, ein Baum, Vogelgezwitscher und die Geliebte zählten. Die zeitgenössische Variante hat der amerikanische Soziologe Sidney W. Mintz beschrieben, indem er das Bild eines Mannes skizzierte, der auf dem Sofa sitzt, einen Joint raucht, Bier trinkt, Chips kaut, mit seiner Freundin knutscht und dabei fernsieht.[82] Wie auch immer, der junge Mann hat sein Geld durchgebracht, das Ende seines Vermögens ist auch das Ende seiner Möglichkeiten.

„Als er alles durchgebracht hatte, kam eine große Hungersnot über das Land, und es ging ihm sehr schlecht. Da ging er zu einem Bürger des Landes und drängte sich ihm auf; der schickte ihn aufs Feld zum Schweinehüten. Er hätte gern seinen Hunger mit den Futterschoten gestillt, die die Schweine fraßen; aber niemand gab ihm davon. Da ging er in sich und sagte: Wie viele Tagelöhner meines Vaters haben mehr als genug zu essen, und ich komme hier vor Hunger um. Ich will aufbrechen und zu meinem Vater gehen und zu ihm sagen: Vater, ich habe mich gegen den Himmel und gegen dich versündigt. Ich bin nicht mehr wert, dein Sohn zu sein; mach mich zu einem deiner Tagelöhner. Da brach er auf und ging zu seinem Vater." (Lk 15,14–20)

Bruchlandung nach dem Höhenflug. Alle Träume sind zerbrochen. Eingeständnis des Scheiterns. Der Tiefpunkt wird zum Wendepunkt der Geschichte. Not lehrt nicht nur beten, wie das Sprichwort sagt, Not macht auch erfinderisch. Ohne Standortbestimmung kein Aufbruch, ohne Eingeständnis des Scheiterns kein Neubeginn. Im Grunde kann die ganze Kulturgeschichte der Menschheit als eine Kette des Scheiterns begriffen werden, ein Lernen aus Fehlern. Identität haben, hat Alexander Mitscherlich gesagt, heißt zu den 1000 Irrtümern zu stehen, die wir im Laufe unseres Lebens begangen haben. An ihnen sind wir gewachsen und zu unverwechselbaren Charakteren gereift. Deshalb ist es bedauerlich, dass sich in der Tradition der kirchlichen Seelsorge eine Theologie der Ideale etabliert hat, während Krisen, Schwierigkeiten und Erschütterungen so lange wie nur irgendwie möglich verschwiegen werden. Eine Wäscheleine der Ideale mag faszinierend sein, aber eine Theologie der Krise könnte verstehen, dass man sich immer wieder Hände und Füße schmutzig macht.

Therapie lebt aus der Freiwilligkeit. Niemandem kann geholfen werden, wenn er sich nicht helfen lässt. In der Therapie sprechen wir von Therapieresistenz. Erst die Einsicht und das Wissenwollen, wohin man gekommen ist, machen Hilfe möglich. Nach einem umfassenden Geständnis zum Ende einer lange verschwiegenen Affäre schreibt ein Mann seiner Frau: „Am besten gefällt mir, dass wir uns gegenseitig nichts mehr vormachen; ganz ungeniert, jeder, wie er eben ist! Wobei freilich viel, mächtig viel Schmutz sichtbar wird. Schadet nichts, im Gegenteil! Genau hingeschaut, komme ich ihm auf den Grund, stoße mich daran ab und tauche wieder hinauf ins Licht."

Erwin Ringel hat „Vergangenheitsbewältigung“ als eine Art „Beichte vor dem eigenen Ich“[83] beschrieben, eine aufrichtige Gewissenserforschung, einen langwierigen Prozess, der im Leben eines Menschen ein ständiger Begleiter sein und im Grunde nie aufhören sollte. Henrik Ibsen beschreibt das Dichten als „Gerichtstag halten über sich selbst“.[84]
„Der Vater sah ihn schon von Weitem kommen, und er hatte Mitleid mit ihm. Er lief dem Sohn entgegen, fiel ihm um den Hals und küsste ihn. Da sagte der Sohn: Vater, ich habe mich gegen den Himmel und gegen dich versündigt; ich bin nicht mehr wert, dein Sohn zu sein. Der Vater aber sagte zu seinen Knechten: Holt schnell das beste Gewand und zieht es ihm an, steckt ihm einen Ring an die Hand, und zieht ihm Schuhe an. Bringt das Mastkalb her, und schlachtet es; wir wollen essen und fröhlich sein, denn mein Sohn war tot und lebt wieder; er war verloren und ist wiedergefunden worden. Und sie begannen, ein fröhliches Fest zu feiern.“ (Lk 15,20–24)
Das vorurteilsfreie und bedingungslose „Ja zum Menschen“, unabhängig von der Summe seiner Taten, gehört in Therapie und Seelsorge zu den vornehmsten „Pflichten“; es kann nicht Bestandteil einer „Technik“, es muss als Grundhaltung die Grundlage dafür sein. So kann der Moment des Wiedersehens zum Moment der Vergebung werden, die offenen Arme zum alles entscheidenden Argument. Keine Befragung, keine Vorhaltungen, rückhaltlose Freude über das Wieder-zueinander-Finden.
Die Austropop-Gruppe STS hatte 1985 mit dem Song „Großvåter“ einen Sommerhit gelandet, dessen Text geradezu ein biblischer Kommentar für unser Thema sein könnte:

„Bei jedem Wickel mit der Mutter wår mei erster Weg von
daham zu Dir.
Und Du håst g'sogt: ‚Sie is' allan, des muaßt' versteh'n,
åis vergeht, kumm, trink a Bier.‘
Dann håst Du g'mant, dås ganze Leb'n besteht aus Nehman und
vül mehr Geb'n.

Worauf i aus Dein' Kost'n in der Nåcht
die påår tausend Schilling g'fladdert håb'
zum Verputzen in der Diskothek,
a påår Tåg' d'rauf håst' mi danåch g'frogt.
I håb's bestritt'n, hysterisch 'plärrt,
Dei Blick wår traurig, dånn hob' i g'rehrt.
Du håst nur g'sågt: ‚Kumm, låss' ma's bleib'n,
Göd kann går nie so wichtig sein!'"

Eine Wanderlegende aus dem zweiten Jahrhundert treibt diese bedingungslose Akzeptanz geradezu unappetitlich weiter. Sie erzählt, wie Jesus mit seinen Jüngern über die Kornfelder geht und dabei auf einen verwesenden Hundekadaver stößt. Voll Ekel sollen sich seine Begleiter abgewendet und einen Bogen um das zum Himmel stinkende Tier geschlagen haben. Jesus aber sei niedergekniet, habe seine Jünger zu sich gerufen und zu ihnen gesagt: „Seht doch, welch schöne weiße Zähne dieses Tier hat!"
Als er nach seiner Krankheit wieder genesen ist, stimmt König Hiskija ein Loblied an: „Du hast mich aus meiner bitteren Not gerettet, du hast mich vor dem tödlichen Abgrund bewahrt; denn all meine Sünden warfst du hinter deinen Rücken" (Jes 38,17). Das heißt, er weiß sich und sein Wesen in den Blick genommen, was zählt, ist er und nicht das, was „zum Himmel stinkt". Das ist der Angelpunkt, um den sich alle Seelsorge dreht. Die Felix Culpa, die „glückliche Schuld", die Schulderfahrung, die uns zwar die Schamröte ins Gesicht treibt, aber nicht die Würde nimmt, die Schuld, die uns Beine macht, aus deren Erfahrung wir lernen, diese Schuld ist der Ausgangspunkt einer verstehenden, vergebenden und ermutigenden Begegnung. Beichte und Therapie könnten so verstanden geschützte Zonen des Vertrauens sein, wo vor Gott und den Menschen ein Menschenleben zur Sprache gebracht werden kann im Vertrauen darauf, dass dieses Leben nicht gerichtet, nicht dirigiert, nicht manipuliert und schon gar nicht zurechtdogmatisiert, sondern rückhaltlos, „ohne Wenn und

Aber“ akzeptiert wird. Hier könnten sich im Blick auf den Einzelnen und seine Not Psychotherapie und Seelsorge die Hände reichen. Wenn es auch deutliche Unterschiede in der Begründung für verzeihendes und verstehendes Handeln zwischen den beiden Bereichen gibt und geben muss, so geht zumindest der Blick in die gleiche Richtung. Und es wäre Aufgabe der Seelsorge, ihre Praxis der Vergebung von Grund auf neu zu überdenken; dass ihr dabei die Psychotherapie helfen kann, bestreiten nur mehr wenige Seelsorger. Der Liebesdienst der Vergebung könnte dadurch von der Seelsorge noch viel überzeugender vollzogen werden, als dazu Psychotherapie von ihrem Wesen her überhaupt in der Lage ist. Kein Therapeut wird jemals zu seinen Patienten sagen können: „Deine Sünden sind dir vergeben!“ Je überzeugender ein/e SeelsorgerIn dazu in der Lage ist und je befreiender eine solche Zusage von einem Menschen empfunden werden kann, umso mehr ist damit auch dem Schlusssatz im eingangs zitierten Gedicht von Peter Turrini[85] sein ironischer Unterton genommen: „Ich bedauere jeden, der keinen Gott hat.“

8. Beten, die etwas andere Art der Kommunikation

Martin Buber erzählt von einem gottbegeisterten Mann, der die Menschen satthat und mit ihnen nichts mehr zu tun haben will. Jahrelang hatte er ihnen zu predigen und ihren Blick auf Gott hin auszurichten versucht, aber ihre Ohren waren ihm taub. Und so macht er sich auf und begibt sich allein auf die Reise, von den Menschen weg hin zur „Pforte des Geheimnisses". Dort angekommen pocht er an die Tür. Von drinnen wird er gefragt: „Was willst du hier?" „Ich habe", rechtfertigt er sich, „den Ohren der Sterblichen dein Lob verkündet, aber sie waren mir taub. So komme ich allein zu dir, dass du selber mich vernehmest und mir erwiderst." „Kehr um", sagt ihm die Stimme von drinnen, „hier ist dir kein Ohr. In die Taubheit der Sterblichen habe ich mein Hören versenkt." [86]

Das Aufeinander-verwiesen-Sein, das Nicht-ohne-die-anderen-bei-Gott-ankommen-Dürfen findet seinen markantesten Ausdruck im biblischen Doppelgebot „Liebe deinen Nächsten wie dich selbst" (Lev 19,18). Dem Durchschnittschristen scheint es in den allermeisten Fällen einseitig und damit verstümmelt vermittelt worden zu sein. Diesmal aber – im Unterschied zum gottbegeisterten Mann – von der anderen Seite her. Aus der Nächstenliebe wurde so eine Kardinaltugend und aus der Liebe zu sich selbst ein Generalverdacht. Das konnte wohl auch deswegen geschehen, weil die Seelsorge in den vergangenen hundert Jahren das Gespräch mit der Psychologie weitgehend verweigert hatte. Andernfalls hätte sie bald erkennen können, dass die entwicklungsgeschichtliche Voraussetzung für die Liebe zum Nächsten eine gut fundierte Liebe zu sich selbst ist und dass die beiden Gebote aufeinander verweisen und sich gegenseitig bedingen. Wer sich selbst nicht mag, kann andere nicht mögen. Wer mit sich selbst nicht zurechtkommt, wird auch mit seinen Mitmenschen Schwierigkeiten haben. In der rabbinischen Tradition wird das Doppelgebot übersetzt mit: „Liebe deinen Nächsten, er ist wie du!" Um seinen Nächsten lieben zu können, muss man also zunächst gelernt haben, sich selbst zu mögen und mit sich selbst liebevoll umzugehen.

Bernhard von Clairvaux, der Gründer des Zisterzienserordens, war eine markante, wenn auch nicht unproblematische Persönlichkeit des 12. Jahrhunderts. Einer seiner Schüler, Papst Eugen III. († 1153), schreibt ihm immer wieder von den Pflichten des Amtes, das ihn voll und ganz in Beschlag nimmt. Was Bernhard darauf antwortet, klingt so aktuell, als wäre es für unsere Zeit als Rezept gegen „Burn-out" geschrieben:

„Wenn du dein ganzes Leben und Erleben völlig ins Tätigsein verlegst und keinen Raum mehr für die Besinnung vorsiehst, soll ich dich da loben? …

Wenn Du ganz und gar für alle da sein willst …, lobe ich Deine Menschlichkeit – aber nur, wenn sie voll und echt ist. Wie kannst Du aber voll und echt Mensch sein, wenn Du dich selbst verloren hast … Denn was würde es Dir sonst nützen, wenn Du … alle gewinnen, aber als einzigen Dich selbst verlieren würdest? Wenn also alle Menschen ein Recht auf Dich haben, dann sei auch Du selbst ein Mensch, der ein Recht auf sich selbst hat. Warum solltest einzig Du selbst nichts von Dir haben? … Wie lange noch schenkst Du allen anderen Deine Aufmerksamkeit, nur nicht Dir selber?

Bist Du Dir etwa selbst ein Fremder? Bist Du nicht jedem fremd, wenn Du Dir selber fremd bist? Ja, wer mit sich selbst schlecht umgeht, wie kann der gut sein? Denke also daran: Gönne Dich Dir selbst. Ich sage nicht: Tu das immer, ich sage nicht, tu das oft, aber ich sage: Tu es immer wieder einmal."[87]

Es ist schwer bis unmöglich geworden, guten Gewissens faul zu sein und sich selbst im Nichtstun zu ertragen. Schon früh wurden wir vor „Müßiggang" als „aller Laster Anfang" gewarnt. Viele Menschen kommen auch am Wochenende und im Urlaub kaum zu wirklich innerer Ruhe. Die Arbeitshektik läuft in der Freizeit weiter wie ein Motor, den man nicht abstellen kann. „Nutzlose" Unterbrechung lernen viele nur kennen, wenn ihr Körper sie durch Krankheit dazu zwingt.

Beten kann eine Form sein, sich Zeit zu nehmen und mit „Gott und der Welt" ein Gespräch zu beginnen. Beten ist für mich persönlich auch eine Möglichkeit, mich selbst in meinen inneren Bedürfnissen zu spüren. Wie immer Beten verstanden werden kann und was immer es für Menschen bedeuten mag: Die wichtigste Voraussetzung dafür ist unverplante Zeit. Persönliche Gebetszeiten müssen „nutzlos und zwecklos" sein, nur dann sind sie „sinnvoll". Zeiten des Betens sollten ausgesparte, nicht zweckgebundene Zeiten sein. Man kann sie nur bekommen, wenn man sie sich nimmt.

Bitten und Danken

Nach meiner persönlichen Überzeugung ist es nicht entscheidend, welcher Religion ein Mensch angehört; entscheidend ist vielmehr, ob ein Mensch betet oder nicht. Wer nach vorne blickt, muss schnell erkennen, wie wenig er sein Leben in der Hand hat und wie sehr er auf seine Mitmenschen angewiesen bleibt. Niemand kann sagen, was morgen sein wird, was von den Wünschen und Vorsätzen in Erfüllung geht. Der Blick voraus ist die erste Grundrichtung menschlichen Daseins und das „Bitten" die erste sprachliche Artikulation menschlicher Bedürftigkeit. Wer nicht vorausschaut, wer sich um das Wohin seiner Existenz nicht kümmert, wird im tiefsten Sinn des Wortes „un-vorsichtig". Wer dagegen betet, gibt zu, dass er Hilfe braucht, er gesteht ein, dass er auf sich allein gestellt nicht weiterkann.

In Peter Handkes „Langsame Heimkehr“ findet sich eine Textstelle, deren besonderer Klang mich an die liturgischen Liedtexte der Adventzeit erinnert:
„Ich will kein im Jammer Verschwindender, sondern ein mächtiger Klagekörper sein. Mein Ausruf ist: Ich brauche dich! Aber wen rede ich an? Ich muss zu Meinesgleichen! Aber wer ist Meinesgleichen? In welchem Land? In welcher Stadt?“[88]
In den Liedtexten der Adventzeit ist dieser Ruf als „mächtiger Klagekörper“ das vorherrschende Thema. Es sind Bittrufe der Geschöpfe, dass der Schöpfer sich zeigen möge, Texte der Sehnsucht nach Erlösung:

Tau aus Himmelshöhn, Heil, um das wir flehen:
Herr, erbarme dich!
Licht, das die Nacht erhellt, Trost der verlornen Welt:
Christus, erbarme dich!
Komm vom Himmelsthron, Jesus, Menschensohn:
Herr, erbarme dich![89]

O Heiland, reiß die Himmel auf, herab,
herab vom Himmel lauf.
Reiß ab vom Himmel Tor und Tür, reiß ab,
wo Schloss und Riegel für.

O Erd, schlag aus, schlag aus, o Erd,
dass Berg und Tal grün alles wird.
O Erd, herfür dies Blümlein bring,
o Heiland, aus der Erde spring.[90]

Der Blick zurück ist die andere Grundrichtung menschlichen Daseins und die Dankbarkeit, das Wissen, dass wir uns verdanken, ein wesentlicher Bestandteil menschlichen Glücks. Jeder Mensch verdankt sich anderen. Jeder steht auf den Schultern derer, die vor ihm waren. Wer nicht zurückschaut, wer sich um das Woher seiner Existenz nicht kümmert, wird im tiefsten Sinn des Wortes „rücksichts-los“.

Zu bitten mag schwerfallen. Danke sagen haben wir dagegen reflexartig gelernt; es kommt so gedankenlos daher, dass man manchmal über die Worthülsen erschrecken mag. Dankbarkeit aber meint etwas anderes. Ob auf einem Berggipfel die Welt betrachtet oder in den eigenen vier Wänden ein Leben meditiert wird: Immer kann entdeckt werden: Das, was ist, ist nicht durch mich.

Der unmittelbare Adressat solcher Dankbarkeit, die, je tiefer, umso mehr ins Staunen führt, ist zunächst ein wortloses Gegenüber, die Natur, der abwesende, aber nahe Mensch und, wenn es einem geschenkt ist, hinter allen dafür infrage kommenden Menschen, der Ganz-Andere, Gott, den man, wie Martin Buber schreibt, nicht findet, wenn man in der Welt bleibt, und auch nicht findet, wenn man aus der Welt geht. Gott erscheint ihm als das Geheimnis des Selbstverständlichen, das ihm näher ist als sein Ich.[91] Darüber staunen zu können ist die schönste Art im Jetzt zu leben, es ist im Grunde auch die schönste Art des Aufwärts-Blickens[92], wenn der Mund offen bleibt und die Worte fehlen …

Der Psalmist staunt: „Was ist der Mensch, dass du an ihn denkst, des Menschen Kind, dass du dich seiner annimmst?“ (Ps 8,5). Und dann geht diese analytische Dankbarkeit in staunend-hymnisches Beten über: „Du hast ihn nur wenig geringer gemacht als Gott, hast ihn mit Herrlichkeit und Ehre gekrönt. Du hast ihn als Herrscher eingesetzt über das Werk deiner Hände, hast ihm alles zu Füßen gelegt“ (Ps 8,6–7).

In meiner Kindheit habe ich den familiären Zusammenhalt am intensivsten beim gemeinsamen Beten gespürt. Samstagabends saßen wir um den Küchentisch. Vor allem zu den großen Festtagen hatte das gemeinsame Gebet einen wichtigen Platz in unserem Haus. Besonders lange und gründlich wurde zum Jahreswechsel gebetet; bei voll gedecktem Tisch versteht sich und *vor* der gemeinsamen Mahlzeit, gewissermaßen als Grundschule für Askese und Verzicht: „Dem Herrgott dånk’n fürs ålte Jahr und bitt’n um a glückselig’s neu’s Jåhr! Vater unser…“,

hör ich heute noch die Stimme der Mutter. Unvergesslich ist mir auch unser Beten in der Familie bei schweren Unwettern, deren Donner unser altes Bauernhaus in 1300 Metern Meereshöhe in den Grundmauern erzittern ließ. Im Laufe der Jahre wurde der Hof immer „moderner" und ein „Blitzableiter" wurde installiert. Diese Angst vertreibende Neuerung hatte freilich auch zur Folge, dass der „Schlechtwetter-Rosenkranz" immer mehr aus der Mode kam.
Wenn ich an diese Zeit zurückdenke, dann erinnere ich mich vor allem an den Klang unseres Betens, der die Stube erfüllte. Eine Art „Wettlauf" fand da statt unter uns Geschwistern, wer beim „Nachbeten" vorne und damit schneller fertig war. Bei sechs Kindern mit ständig wechselnder Andachtsqualität war das durchaus ein interessantes Klangerlebnis. Unbestritten ist, dass dieses Beten in meiner Kindheit mir bis heute jedes Gewitter mit Blitz und Donner zu einem vertrauten Erlebnis macht, in dem ich mich geschützt und geborgen fühle.

Schweigen - die Kraft der Stille

In seinem Werk „Trost der Philosophie"[93] stellt der römische Schriftsteller Boethius der „hochmutsvollen Ruhmessucht" das Schweigen als Kennzeichen eines Philosophen gegenüber. Als sich jemand als „Philosoph" bezeichnet hätte und anderen beweisen wollte, dass er einer wäre, hätte man ihm nahegelegt, sich auch als solcher zu verhalten; dazu gehöre es aber, zugefügtes Unrecht mit Sanftmut und Geduld zu ertragen. Solchermaßen unterrichtet, hätte der selbst ernannte Philosoph nach einer erlittenen Schmähung das Schweigen geübt und die Kränkung ertragen; zu guter Letzt aber hätte er doch nicht still sein zu können, vielmehr hätte er nach einer Zeit des Schweigens ungeduldig und geradezu triumphierend die entlarvende Frage gestellt: „Siehst du nun endlich ein, dass ich ein Philosoph bin?" Worauf ihm jemand überaus bissig geantwortet haben soll: Ich hätte es eingesehen, wenn du geschwiegen hättest." [94] Auf diese Stelle bei Boethius führt man die bekannte Redensart zurück *Si tacuisses, philosophus mansisses* – „Hättest du geschwiegen, wärest du Philosoph geblieben."[95]

Im Buch Ijob lesen wir: „Dass ihr endlich schweigen wolltet; das würde Weisheit für euch sein (Ijob 13,5)."

Die Pfarrkirche meiner Heimat in Leoben im Liesertal ist dem sogenannten „Brückenheiligen" Johannes von Nepomuk[96] geweiht. Das Bild am Hochaltar zeigt den hageren Mann mit dem rechten Zeigefinger über seinem Mund. In kirchenpolitisch schwierigen Zeiten war Nepomuk Generalvikar des Erzbischofs von Prag und damit in ständigem Streit mit König Wenzel. Nach der Legende war der Grund dieses Streites mit dem König aber nicht der kirchenpolitische Konflikt, sondern die Weigerung, das Beichtgeheimnis zu brechen. Demnach habe der Priester dem König nicht preisgeben wollen, was dessen Frau ihm in der Beichte anvertraut habe. Johannes von Nepomuk wurde verhaftet, gefoltert und von der Karlsbrücke in die Moldau geworfen. Der Leib des Ertränkten und im Wasser Treibenden soll dann von fünf Flammen umsäumt gewesen sein, weswegen er oft mit fünf Sternen um seinen Kopf dargestellt wird.

Die Arbeit in der Seelsorge, in der therapeutischen, medizinischen und juridischen Praxis geschieht auf der Basis von „beruflicher Verschwiegenheit" und „Beichtgeheimnis". Trotz der unterschiedlichen Begründungen ist allen Bereichen gemeinsam ein Vertrauensverhältnis, durch das die Intimität und Würde eines Menschen geschützt und ihm dadurch die Möglichkeit geboten ist, sein Leben und seine Not zur Sprache zu bringen.

Es gibt viele Arten des Schweigens: „verlegenes Schweigen", vom Verliebtsein bis zum Schweigen des Überführten, „bedrohliches Schweigen", „endlich gebrochenes Schweigen",

„beredtes Schweigen", wenn Schweigen „zu reden" beginnt, „wohltuendes Schweigen", stilles Einverständnis, das keiner Worte mehr bedarf. Manchmal bedanken sich Patienten für das Aushalten eines aufkommenden Schweigens, das, je länger, umso mehr als wohltuend, befreiend und tröstlich erlebt werden konnte. Zugegeben, eine seltene Kostbarkeit.
„Erfülltes Schweigen" wurde im Sommer 2009 vom Ende eines Konzertes in Luzern berichtet: „Als die letzten Klänge von Mahlers 4. Sinfonie verklungen waren, herrschte tiefe Stille. Die mehr als 1800 Besucher im Luzerner Kultur- und Kongresszentrum hielten fast eine Minute lang den Atem an, sie mussten das eben Erlebte erst verdauen: Claudio Abbado hatte mit seiner Reise ins Paradies, die Mahler in der Partitur vorgezeichnet hatte, voll in das Innere des Menschen, in das Innere dessen, was Musik dort vermag, getroffen. Der Stille folgte frenetischer Jubel, minutenlange Standing Ovations, die der gealterte Maestro gerührt genoss – und an das Orchester weitergab."[97]

Die Begegnung des Propheten Elija mit Gott

Vom Engel mit Brot und Wasser gestärkt, sodass er die Kraft hatte, den Ginsterstrauch, unter dem er sich den Tod wünschte, zu verlassen, wanderte Elija vierzig Tage lang bis zum Gottesberg Choreb:

Dort kam er in die Höhle, dort wollte er nächtigen.
Da, SEINE Rede an ihn,
er sprach zu ihm:
Was willst du hier, Elijahu?
Er sprach:
Eifrig geeifert habe ich für DICH, den Umscharten Gott, –
verlassen ja haben die Söhne Jissraels deinen Bund

deine Schlachtstätten haben sie zerscherbt,
deine Künder mit dem Schwert umgebracht,
ich allein bin übrig,
so trachten sie mir nach der Seele, sie hinwegzunehmen.
Es sprach:
Heraus,
steh hin auf den Berg vor MEIN Antlitz!
Da
vorüberfahrend ER:
ein Sturmbraus, groß und heftig,
Berge spellend, Felsen malmend,
her vor SEINEM Antlitz:
ER im Sturme nicht –
und nach dem Sturm ein Beben:
ER im Beben nicht –
und nach dem Beben ein Feuer:
ER im Feuer nicht –,
aber nach dem Feuer
eine Stimme verschwebenden Schweigens.
Es geschah, als Elijahu hörte:
er verhüllte sein Antlitz mit seinem Mantel,
er trat hinaus, stand am Einlaß der Höhle.[98]

Die Bilder, die in diesem Bericht verwendet werden, sind in der Tradition des Ersten Testamentes Bilder für die Gegenwart Gottes: „Sturmbraus, groß und heftig", wie beim Pfingstfest in Jerusalem, „Beben", „Feuer", wie beim Durchzug durch das Rote Meer, wo die Feuersäule der Bundeslade vorausging, und schließlich das sanfte, leise Säuseln des Windes, „verschwebendes Schweigen". Als Elija es hört, weiß er sich am Ziel …

Wenn ein Mensch vor einem anderen Menschen steht, der Betrachter vor einem Bild, ein Einzelner allein in der Natur, so ereignet sich „wie von selbst" Zwiesprache, mitteilendes, erfülltes Schweigen. Alle Mitteilung, jedes Kommunizieren,

Betrachten, Kontaktaufnehmen setzt die Stille voraus; jede wesentliche Kommunikation kommt aus ihr und führt wieder zu ihr hin. Jedes Konzert beginnt mit einer Pause, mit der Stille, die uns einschwingen lässt in das, was kommt. Und durch nichts ist ein Ereignis schwerer zu stören als durch Lautes im Leisen. Nicht nur der Ton macht die Musik, es ist vor allem die Lautstärke, die zeigt, wie sanft, milde, gütig, behutsam oder aber grob, laut, wehtuend wir eine Mitteilung empfinden. Unser Ohr ist hier nicht nur sensibel, es ist feinstens gespannt und fähig, Botschaften psychogrammatikalisch zu übersetzen.

Staunen

In unserer Alltagserfahrung können wir zwei Arten des Schweigens erleben. Ein dumpfes, teilnahmsloses Schweigen, das aus einer Wortarmut kommen mag, die z. B. dort entsteht, wo Menschen, obwohl einander „nah", sich doch im Lauf der Zeit so sehr voneinander entfernten, dass sie sich nichts (mehr) zu sagen haben. Dorothee Sölle nennt ein solches Schweigen ein „vor-sprachliches Schweigen"[99], das dadurch Erlösung findet, dass „endlich!" gesprochen wird.
Dann aber gibt es für Sölle auch ein „nach-sprachliches Schweigen", das aus Reichtum entsteht, der über die Sprache als Kommunikationsmittel hinausgeht. Dieses Schweigen nach dem Sprechen gebraucht die Wörter, aber nur, um sie zu verlassen. Ihre gesuchte Vermittlung ist nicht mehr notwendig, ihr Instrument kann weggelegt werden, oder noch richtiger ausgedrückt: Es fällt einem aus der Hand. Aus diesem Schweigen kommt der Reichtum des Staunens.
„Zusammen zu schweigen ist ein höherer Grad des Zusammenseins und der Einheit. So wie das Hören von Musik Menschen näher zusammenbringen kann als Worte, so kann auch das gesprochene oder geschriebene Wort sich seiner Grenze,

dem Schweigen so annähern, dass es in Freiheit und aus Notwendigkeit verstummt."[100]

„haus des staunens"

In Gmünd in Kärnten gibt es auf Initiative des Musikers und Musikpädagogen Manfred Tischitz[101] das „haus des staunens". Das ehemalige St.-Antonius-Spital, eines der ältesten Gebäude der malerischen Stadt, wurde seit dem Mittelalter vielfach genutzt: als Spital und Geburtenstation, als Schulexpositur und zuletzt auch als Altenwohnheim. In seiner heutigen Verwendung bietet es dem Besucher die Möglichkeit, in die Welt des Staunens und damit in unerforschte Landschaften des eigenen Lebens und Erlebens einzutauchen.

„Das Schönste an der Musik ist die Stimmung der Instrumente", sagt Manfred Tischitz. Ohne Stimmung keine Stimmung. Erst wenn die Stimmung stimmt, wird Übereinstimmung möglich. Die wunderbare architektonische Substanz des Gebäudes sorgt dabei dafür, dass der Besucher Schritt für Schritt in den einzelnen Räumen sich selbst mit allen Sinnen als Sehender, Spürender und Staunender erlebt, er kann erfahren, was es bedeutet, mit dem „Herzohr"[102] zu hören und Klänge mit den Händen zu fühlen. Mit etwas Glück kann er dabei verschüttete Dimensionen seines Wesens wiederfinden und das „haus des staunens" kindlicher und neugieriger geworden verlassen. Staunen heißt, so da sein, dass man ganz weg ist. Staunen führt den Menschen in neuer Weise zu sich und gleichzeitig über sich selbst hinaus. Nie ist der Mensch weniger vom Größenwahn bedroht und in Gefahr, sich mit Gott zu verwechseln, als im Moment des Staunens. Darum sind solche Momente das Gegenteil von „Vorbeischauen", wie wir sinnvollerweise sagen. „Auf-einen-kurzen-Sprung-vorbeischauen" kann man im „haus des staunens" nicht. Die wesentlichste Voraussetzung für einen Besuch dort ist die Zeit, die man sich nehmen muss. Dazu rät auch ein Gedicht von Hans-Curt Flemming:

vorschlag für meine grabinschrift“[103]

gelebt
hat er nur
die Zeit
die er sich
genommen hat

Eine Gesellschaft von Erwachsenen delegiert das Staunen an die Kinder, gleichzeitig tut sie alles, damit ihnen das Staunen möglichst schnell vergeht. Schulen könnten Anstalten des Staunens sein, Akademien der Gefühle. Getrieben aus der geförderten Neugier unserer Kinder, könnte Bildung ein anderes Wort für Staunen sein. Erich Kästner hat in diesem Sinn seine berühmte Ansprache zum Schulbeginn formuliert: „Liebe Kinder, da sitzt ihr nun, alphabetisch oder nach der Größe sortiert, zum ersten Mal auf diesen harten Bänken … Der Klassenkampf und die Jahre der Prüfungen stehen bevor. Früchtchen seid ihr, und Spalierobst müsst ihr werden! Aufgeweckt wart ihr bis heute, und einwecken wird man euch ab morgen! ... Vom Baum des Lebens in die Konservenfabrik der Zivilisation – das ist der Weg, der vor euch liegt. Kein Wunder, dass eure Verlegenheit größer ist als eure Neugierde.“[104]
„Werdet wie die Kinder!“ (Mt 18,3). Diese biblische Perspektive bleibt eine treffliche Vorgabe: Die himmlische Pädagogik ist die Pädagogik des Staunens. In Familie, Schule, Kirche, Beruf und Krankenhaus, mit einem Wort: In den Häusern unseres Lebens kommt es darauf an, dass das, was ist und in uns vor sich geht, so zur Sprache gebracht werden kann, dass der Sprechende sich darin wiederfindet und mitteilen kann. „Lasst die Kinder zu mir kommen, denn Menschen wie ihnen gehört das Himmelreich (Mt 19,14)“.
In meiner Zeit als Seelsorger war es mir bei Taufen ein Anliegen, die Angehörigen einzuladen, ihrem Kind ein Kreuzzeichen auf die Stirn zu zeichnen, nicht nur, um ihrerseits dieses Kind zu segnen als vielmehr, um sich selbst von diesem Kind

segnen zu lassen. „Wer bist du, dass du nicht niederknien müsstest vor dem neuen Menschen?“ An dieses Wort von Anton Wildgans hat Erwin Ringel gerne erinnert, wenn er über die Rolle des Kindes in unserer Gesellschaft gesprochen hat. Kinder haben dieser Welt nicht nur etwas zu sagen, sie sind die eigentlichen Lehrmeister des Lebens. Dieses biblische Grundanliegen ist in unserer Gesellschaft, die ja immer noch eine christlich geprägte Gesellschaft ist, über Jahrhunderte zum Lippenbekenntnis verkommen und musste erst durch die Psychoanalyse in seiner tiefen Bedeutung neu entdeckt werden. Der Mann aus Nazareth und der Arzt aus der Berggasse 19 müssen hier in einem Atemzug genannt werden, denn die Wiederentdeckung der Bedeutung des Kindes durch die Psychoanalyse ist letztlich auch eine Wiederentdeckung eines zentralen biblischen Anliegens.

Am Schluss seines 106. Briefes an Lucilius beklagt der römische Schriftsteller und Philosoph Seneca, dass wir uns in Fragen unserer „Bildung“ nicht sosehr um unser Leben und unsere Lebendigkeit kümmern, sondern Lernen zum zerstreuenden Selbstzweck verkommen lassen und dabei Fragen beantworten, die niemand stellt, und die sich uns stellenden und bedrängenden Fragen unbeantwortet lassen: *Non vitae, sed scholae discimus* – „Nicht für unser Leben, sondern für die Schule lernen wir.“[105] Er beklagt also, dass die Bildung, die Beschäftigung mit der Philosophie und den anderen Gegenständen unseres Lernens nicht dem Leben dient, sondern zum schulischen Selbstzweck verkommt.

Eine Gesellschaft und Religion, die ihr Wissen und ihre Erfahrungen aus Büchern bezieht und in der Folge ihre Mitglieder aufs Hören einschwört, muss selbst eine Hörende und Staunende sein, sonst bleibt von ihr nur Verordnung und der Buchstabe des Gesetzes. Bei der Weitergabe von Tradition, Gesetz und „Glaubensschatz“ muss vor allem der Grundton stimmen, mit dem diese Weitergabe vollzogen wird. Grundlage jeder Begegnung ist eine Begegnung „in Augenhöhe“, d. h., wer redet, ist dem anderen nicht voraus, er steht nur im Moment auf der anderen Seite; wer hört, kann das nur, wenn auch ihm, nachdem er gehört hat, Gehör verschafft wird. Ein „Lehramt" (wenn es schon ein „Amt" sein muss), das nicht auch ein „Höramt" ist, verkommt zum „Sprachdurchfall". Wenn wir in unserer Gesellschaft, woran ja nicht gezweifelt werden soll, schon Ämter brauchen, warum dann nicht eine über allen Ämtern stehende „Akademie der Gefühle" und ein „Grundlehrgang des Staunens", damit die jahrzehntealte eindringliche Warnung des Ingmar Bergman nicht zur Worthülse verkommt: Wir sollten alles in unserer Macht Stehende tun, damit junge Menschen die Bildungsanstalten unserer Gesellschaft nicht als „Analphabeten des Gefühls" verlassen.

Segnen

In einem Fragment aus vorbiblischer Zeit erzählt das Buch Genesis den Kampf Jakobs mit der Gottheit. In keiner biblischen Geschichte verstehe ich besser, was mit Beten gemeint sein könnte. Jakobs Erfahrung zeigt, wie man es „mit Gott zu tun bekommt". Das klingt durchaus nicht ungefährlich, jedenfalls ist es, und das bestätigen alle Mystiker aller Religionen, keine harmlose Angelegenheit:
„In derselben Nacht stand er auf, nahm seine beiden Frauen, seine beiden Mägde sowie seine elf Söhne und durchschritt die Furt des Jabbok. Er nahm sie und ließ sie den Fluss überqueren. Dann schaffte er alles hinüber, was ihm sonst noch gehörte. Als nur noch er allein zurückgeblieben war, rang mit ihm ein Mann, bis die Morgenröte aufstieg. Als der Mann sah, dass er ihm nicht beikommen konnte, schlug er ihm aufs Hüftgelenk. Jakobs Hüftgelenk renkte sich aus, als er mit ihm rang. Der Mann sagte: Lass mich los; denn die Morgenröte ist aufgestiegen. Jakob aber entgegnete: Ich lasse dich nicht los, wenn du mich nicht segnest. Jener fragte: Wie heißt du? Jakob, ant-

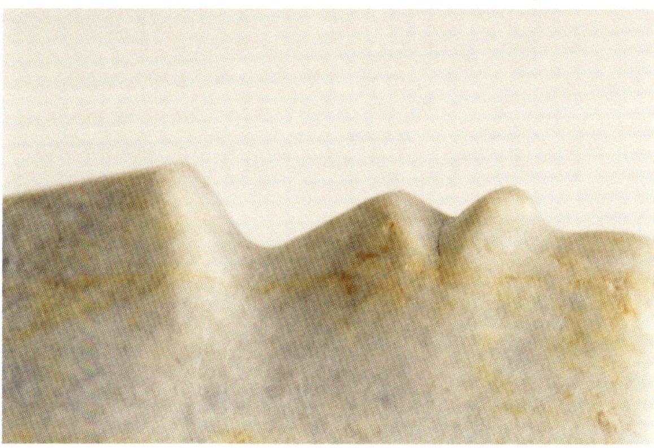

Seite 125:

„nur Taube wissen, wie Hören tut,
und warten im Eisblock des Schweigens ...“

Harald Schreiber 2007, *Liegender Kopf*
Marmor, Römersteinbruch Gummern, Kärnten
(Foto: Schreiber)

Seite 126:

„Da schau her“

Harald Schreiber 2003, *Januskopf „anima“*
Kalkstein, Costa Blanca, Spanien
(Foto: Schreiber)

Seite 127:

„Schaut mich an
als wüßt er
wer ich bin“

Harald Schreiber 2003, *Januskopf „animus“*
Kalkstein, Costa Blanca, Spanien
(Foto: Schreiber)

Seite 128:

„nach-sprachliches Schweigen“

Harald Schreiber 2009, *Nepomuk*
Marmor, Römersteinbruch Gummern, Kärnten
(Foto: Schreiber)

wortete er. Da sprach der Mann: Nicht mehr Jakob wird man dich nennen, sondern Israel (Gottesstreiter); denn mit Gott und Menschen hast du gestritten und hast gewonnen. Nun fragte Jakob: Nenne mir doch deinen Namen! Jener entgegnete: Was fragst du mich nach meinem Namen? Dann segnete er ihn dort. Jakob gab dem Ort den Namen Penuel (Gottesgesicht) und sagte: Ich habe Gott von Angesicht zu Angesicht gesehen und bin doch mit dem Leben davongekommen. Die Sonne schien bereits auf ihn, als er durch Penuel zog; er hinkte an seiner Hüfte." (Gen 32,23–32)

Beten führt den Menschen nicht von den Menschen weg, aber es führt ihn in die Einsamkeit einer persönlichen Erfahrung: „Als nur noch er allein zurückgeblieben war, rang mit ihm ein Mann, bis die Morgenröte aufstieg." Beten ist keine Garantie einer Gotteserfahrung. Und wo sie sich ereignet, beginnt sie in der Anonymität einer finsteren Nacht, in der das Gesicht des Anderen nicht erkannt werden kann. Die in unterschiedlichsten Erfahrungsberichten immer wiederkehrende, persönlich durchlittene „Einsamkeit der Nacht" dauert, bis sich am Horizont ein kleiner Funken Hoffnung als Morgendämmerung zeigt; damit ist die Nacht noch lange nicht vorüber, aber die Mitte der Nacht schon längst vorbei: „Lass mich los; denn die Morgenröte ist aufgestiegen." Und weiter sagt mir diese rätselhafte Episode: Wo die Kreatur auf den Schöpfer trifft, weiß sie sich ihm nicht ohnmächtig ausgeliefert. Der Kleine ist stärker als der Große, David besiegt den Goliath: „Ich lasse dich nicht los, wenn du mich nicht segnest." Aber im Unterschied zum Entweder-ich-oder-du des siegreichen David gibt es hier keinen Kampf auf Gedeih und Verderb, sondern einen heiligen Tausch: Der besiegte Eine wird zum Segen für den Anderen. Noch eine andere auch von vielen betenden Menschen immer wieder gemachte Erfahrung belegt dieser archaische Abschnitt aus dem Buch Genesis: Wer sich auf Gott einlässt, wer einmal mit ihm gerungen hat, kommt davon nicht mehr los, nach seiner ganz persönlichen Erfahrung wird er im Weitergehen merken können/müssen, dass er hinkt, dass er für den Rest seines Lebens ein Gezeichneter ist. Beten erscheint so als eine besondere Form der Kommunikation. Die Besonderheit liegt aber nicht in anderer „Technik", sondern in der persönlichen Erfahrung mit einem „anderen" Adressaten. Dieser Adressat erweist sich als schwieriger Partner, dem zu begegnen nicht ohne Folgen bleibt. Jakob bleibt nach diesem Erlebnis nicht in mystischer Verzückung zurück, er verlässt den Ort der Begegnung, setzt über ans andere Ufer und dort mit allen anderen seinen Weg fort. „Gottesbegegnungen" führen nicht von den Menschen weg, sondern mit einem neuen Horizont auf die Menschen zu.

In Karnburg bei Maria Saal befindet sich die älteste Kirche Kärntens. Darin eine Tür aus karolingischer Zeit. Über der Tür eine in Stein gehauene segnende Hand. Die Hand Gottes über unseren Ausgängen und Eingängen, sein Segen über unserem Weggehen und Heimkommen. Ich mag diese Hand. Sie erinnert mich an meine Kindheit und Jugend: Wenn ich von daheim fortging, zeichnete mir die Mutter mit ihrer Hand ein Kreuz auf die Stirn. In dieser lautlosen Geste war alles Wünschen zusammengefasst.

In einem über zweitausend Jahre alten Geleitwort aus dem Buch Deuteronomium[106] heißt es:

Kommen werden über dich alle diese Segnungen und dich erreichen,
wenn du auf SEINE deines Gottes Stimme hörst:
Gesegnet du in der Stadt,
gesegnet Du auf dem Feld,
gesegnet die Frucht Deines Leibes,
die Frucht Deines Bodens,
die Frucht Deines Viehs,
der Wurf Deiner Rinder, die Brünste Deiner Schafe,
gesegnet Deine Mulde und Dein Backtrog,
gesegnet Du bei deiner Ankunft,
Gesegnet Du bei Deiner Ausfahrt

Die Hand Gottes über unseren Ausgängen und Eingängen: Tympanon aus karolingischer Zeit in der Pfalzkirche Karnburg.

Das deutsche Wort „segnen" kommt von lat. *signare* = „bezeichnen". Das lateinische Wort wiederum für „segnen" lautet *benedicere*, das wörtlich mit „zustimmen", „bejahen", „gutheißen" übersetzt werden kann. Ob ich jemandem im religiösen Kontext Segen zuspreche oder ihm im alltäglichen Umgang seine Würde zuerkenne und so „Ja" zu ihm sage, es sind im Grunde nützliche Variationen respektvollen Umgehens miteinander.

Von Franz von Assisi wird erzählt, er habe am Beginn eines Tages zwei seiner Gefährten eingeladen, mit ihm aus der Ebene rund um die Kirche Porziunkula hinauf in die Stadt Assisi zu gehen, um zu predigen. Und nachdem sie schweigend den ganzen Tag über durch die Gassen der Stadt gewandert waren, fragten sie ihn abends, warum er, wie ursprünglich angekündigt, nicht gepredigt habe. Franziskus, so wird erzählt, sei über diese Frage traurig geworden und soll zurückgefragt haben: „Habt ihr nicht bemerkt, dass ich jeden Menschen, der uns begegnet ist, gesegnet habe?"

Ein aus dem 5. Jahrhundert stammendes Segensgebet wird Sedulius Caelius (auch *Coelius*), einem lateinisch-christlichen Dichter, zugeschrieben:[107]

Der Herr sei vor Dir, um Dir den rechten Weg zu zeigen.
Der Herr sei neben Dir, um Dich in die Arme zu schließen
und Dich zu schützen.
Der Herr sei hinter Dir, um Dich zu bewahren
vor der Heimtücke böser Menschen.
Der Herr sei unter Dir, um Dich aufzufangen,
wenn Du fällst, und Dich aus der Schlinge zu ziehen.
Der Herr sei in Dir, um Dich zu trösten,
wenn Du traurig bist.
Der Herr sei um Dich herum, um Dich zu verteidigen,
wenn andere über Dich herfallen.
Der Herr sei über Dir, um Dich zu segnen.
So segne Dich der gütige Gott.

Thomas Becket

Eines meiner nachhaltigen Erlebnisse aus römischen Studientagen war im Jahr 1975 Jean Anouilhs Theaterstück „Becket oder Die Ehre Gottes". Die mir zugeteilte Rolle des Thomas Becket beschäftigte mich monatelang, ihr Inhalt bis zum heutigen Tag. Grundmotiv ist der Kampf zwischen weltlicher und geistlicher Macht. Heinrich II., ein dem ausschweifenden Leben hingegebener Monarch, macht seinen Freund und Vertrauten Thomas Becket zum Erzbischof von Canterbury, um dadurch auch die geistliche Macht an sich zu reißen. Becket aber, unter dem Anspruch des hohen Auftrags, fühlt sich nur noch diesem verpflichtet. Der König fühlt sich von Becket verraten, verfolgt ihn und lässt ihn schließlich verhaften. Als er erkennen muss, dass Thomas Becket nie mehr für die Anliegen des Königs zu gewinnen sein wird und sich ganz der neuen Aufgabe widmet, lässt er ihn im Dom vor dem Altar ermorden.

Zum Ende des dritten Aktes befindet sich Becket in einer kahlen Zelle und kniet betend vor einem schmucklosen Holzkreuz:
BECKET: „Es wäre dennoch einfach. Zu einfach vielleicht. Auch Heiligkeit ist eine Versuchung. Ah, wie schwer ist es, Herr, von Dir eine Antwort zu erhalten!
Es hat lange gedauert, bis ich zu Dir gebetet habe. Aber ich kann nicht glauben, dass die Frömmeren, die Dir schon seit Langem ihre Frage stellen, Deine wahren Absichten besser zu entziffern gelernt haben. Ich bin noch ein Schüler, der erst anfängt. Wahrscheinlich mache ich viele falsche Auslegungen, wie in meinen ersten Lateinübersetzungen, bei denen sich der alte Priester über meine blühende Fantasie totlachen konnte. Doch ich kann mir nicht vorstellen, dass man Deine Sprache wie eine menschliche Sprache erlernt, durch fleißiges Studieren, mit Lexikon, Grammatik und Satzlehre. Ich bin sicher, dem verstockten Sünder, der zum ersten Mal auf die Knie sinkt und staunend Deinen Namen stammelt, dem offenbarst Du alles, sofort, und er begreift.
Ich bin zu Dir gekommen wie ein Dilettant und war überrascht, dass ich dabei noch mein Vergnügen fand. Deshalb blieb ich lange Zeit misstrauisch, denn ich konnte nicht glauben, dass mich dieses Vergnügen näher zu Dir brachte. Ich konnte nicht glauben, dass ich auf dem richtigen Weg war. Aber ich glaube auch, dass die Büßerhemden, die Fasten und die nächtlichen Gebete, mit denen man zu Dir kommt, auf eisigen Fliesen, mit dem ganzen Jammer des geschundenen Menschentieres beladen – ich glaube, dass dies alles nur zur Sicherheit der Schwachen dient. Jetzt will es mir scheinen, dass ich auch in der Fülle der Macht, des Luxus und sogar der Wollust nie aufhören werde, zu Dir zu sprechen. Denn Du bist auch der Gott des Reichen und des Glücklichen, darin liegt Deine tiefe Gerechtigkeit, Herr.
Du hast Deinen Blick nicht abgewendet von dem, der von Geburt an alles hatte. Du hast ihn nicht allein gelassen, zwi-

schen den Fallstricken der Bequemlichkeit. Vielleicht ist sogar er Dein verirrtes Schaf. Die Armen und die Missgestalteten haben zu viele Vorteile erhalten, von Anfang an. Sie besitzen Dich im Übermaß. Sie haben Dich ganz für sich allein, wie eine große Versicherung, deren Gebühr ihr Elend ist. Aber manchmal denke ich, dass am Tag Deines Gerichtes ihre stolzen Köpfe noch tiefer gebeugt werden als die der Reichen. Denn Deine Ordnung, die wir irrtümlich Gerechtigkeit nennen, ist geheimnisvoll und unergründlich. Du prüfst ihre mageren Lenden genau so streng wie die der Könige. Und unter diesen äußerlichen Unterschieden, die uns verblenden und die Du nicht einmal wahrnimmst, unter der Krone und unter dem Schmutz, da entdeckst Du den gleichen Hochmut, die gleiche Eitelkeit und die gleiche selbstzufriedene Ichsucht. Herr, ich bin sicher, Du wolltest mich nur in Versuchung führen mit diesem Büßerhemd, Gegenstand vieler dummer Befriedigungen, mit der kahlen Zelle, mit der Einsamkeit, mit der sinnlos ertragenen Winterkälte und mit den bequemen Tröstungen der Gebete. Das wäre zu einfach, wenn man Dich so billig kaufen könnte. Ich werde dieses Kloster verlassen, wo Dich so viele Schutzvorrichtungen umgeben. Ich werde die Mitra und den goldenen Ornat anlegen, ich werde das große Silberkreuz wieder aufnehmen und an Ort und Stelle mit den Waffen kämpfen, die Du mir in Deiner Gnade gegeben hast. Du hast mich zum Erzbischof Primas gemacht und mich wie eine einsame Figur auf dem Spielbrett dem König gegenübergestellt. Ich kehre in aller Demut auf diesen Platz zurück, auch wenn mich die Welt des Hochmuts anklagt, und tue das, was ich für meine Aufgabe halte. Alles Weitere geschehe nach Deinem Willen!“[108]

Durch dieses Gebet haben viele mir bekannte vorformulierte Gebete „schlagartig“ einen anderen Stellenwert bekommen. Seither weiß ich (für mich): Beten heißt, das Leben vor Gott und den Menschen zur Sprache zu bringen. Beten ist aber auch Zwiesprache mit sich selbst und eine Übung, das, was ist, so ins

Wort zu bringen, dass der Betende nachher besser versteht, was in seinem Leben vor sich geht und wie sein Weg weitergehen könnte. Wir wissen mehr, als wir sagen können; der Versuch, das, was uns bewegt, auszusprechen, in Zwiesprache mit sich selbst, mit Gott, mit vertrauten Menschen, erweitert unsere Wahrnehmung und gibt uns das Gefühl, auch in der tiefsten Einsamkeit nicht allein zu sein. Das lateinische Wort für „beten" heißt *orare*, was wörtlich nichts anderes bedeutet als „den Mund auftun". So gesehn verstehe ich Beten als ein menschliches Grundbedürfnis; wo es gelingt, kann es zur „psychohygienischen Wohltat" werden.
Schon vor Jahren bin ich der Autorin Ilse Leonhartsberger begegnet, die mir ein bis jetzt unveröffentlichtes, für religiöse Ohren zunächst ganz ungewöhnliches Gebet geschenkt hat:

Führe mich die anderen Wege,
nicht die, die glatt
und voll Berechnung folgen dem,
was nur der Kopf diktiert;

auf jene leite mich,
die abseits der geraden Straße
führen durch das enge, dornig-
schmerzhafte Gestrüpp des Herzens.

Führe mich die anderen Wege,
die steinigen mit der Gefahr
des Stolperns in die Sünde,
damit ich aufstehen lerne
und so erfahre deine Liebe
durch die Kraft der Gnade.

Führe mich die anderen Wege,
auf denen sich mein Herz
verwundet und ich begegne
denen mit verletztem Herzen,
die irrend, suchend, tastend

gehen ihre Wege, ihren Pfad,
damit ich es erfahre, was es heißt,
ein Mensch in deiner Welt zu sein.

Führe mich die anderen Wege,
die mit den Löchern,
in die zu stürzen,
Verlassenheit bedeutet,
um so verlassen du mich lehrst,
mich zu verlassen
nur auf dich.

Führe mich die anderen Wege,
nicht die, die scheinbar weg
von der Versuchung führen,
doch jene führe mich,
die mich erschrecken lassen
über das, wozu ich fähig bin …

9. Die Sprache in der Liturgie

Südlich von Rom, in Fossanova, befindet sich die älteste Zisterzienserabtei Italiens. Hier starb am 7. März 1274 Thomas von Aquin[109] in den Armen seines Gefährten Reginald auf seiner Fahrt zum Konzil von Lyon. Für uns in Rom studierende Theologen war Fossanova ein immer wieder beeindruckend lohnendes Ausflugsziel. Die 1208 geweihte Abteikirche diente in ihrer gediegenen Schönheit zahlreichen Kirchen Italiens als Vorbild. Unvergesslich ist mir hier ein Besuch an einem späten Nachmittag. Die Abendsonne taucht das Kircheninnere in warmes Licht und meinen Augen unsichtbar erklingt von irgendwoher das im gregorianischen Choral gesungene Vespergebet der Mönche: *Deus in adiutorium meum intende! Domine ad adiuvandum me festina!* – „O Gott, komm mir zu Hilfe! Herr eile mir zu helfen!" In der Mitte der vom Gesang erfüllten Kirche bleibe ich stehen und nehme am Gebet der Mönche teil.

Wahrscheinlich findet sich der ursprüngliche Ort des Singens im Kult. Singen dürfte sich aus dem feierlichen Sprechen und Vortragen von liturgischen Texten beim Gottesdienst entwickelt haben. Für das Erste Testament ist der ganze Kosmos so etwas wie ein großer Klangkörper, der in innerer Harmonie die Schöpfung zum Klingen bringt.[110] Einige biblische Psalmen rufen litaneiartig dazu auf. Und auch die Liturgie aller Weltreligionen ist im Grunde ein großer Hymnus auf die Schöpfung. Mitten drin das Geschöpf, der suchende Mensch, der nicht weiß, woher er kommt und wohin er geht, wie das in einem Gedicht von Rainer Maria Rilke anklingt:[111]

Ich lebe mein Leben in wachsenden Ringen,
die sich über die Dinge ziehn.
Ich werde den letzten vielleicht nicht vollbringen,
aber versuchen will ich ihn.
Ich kreise um Gott, den uralten Turm,
und ich kreise jahrtausendelang;
und ich weiß noch nicht: bin ich ein Falke, ein Sturm
oder ein großer Gesang.

„Wem das Herz voll ist, dem geht der Mund über", sagt ein Sprichwort. Und Augustinus von Hippo wird das Wort zugeschrieben: *Cantare amantis*, was mit „Singen ist Ausdruck eines liebenden Herzens" übersetzt werden kann.
Singen verbindet uns mit unseren Emotionen und hilft uns, sie zum Ausdruck zu bringen. Singen lässt die Mitte spüren und bewirkt Entspannung. Singen in Gemeinschaft stärkt Verbundenheit und soziale Kontakte. Menschen, die diesbezüglich früh entmutigt wurden, haben in der Regel eine große Scheu davor.
Da der Körper nicht lügen kann, kann er auch nicht singen, wenn ihm nicht danach zumute ist. Und das meint wohl auch der Volksmund, wenn er sagt: Wo man singt, da lass dich ruhig nieder, böse Menschen haben keine Lieder.

Frohe Botschaft?

Ein kleiner Vogel liegt auf dem Rücken und streckt seine zarten Beine gegen den Himmel. „Was machst du da?", fragt ihn ein Kollege. „Ich trage mit meinen Beinen den Himmel; wenn ich sie einziehe, fällt der Himmel über mir zusammen!" Kaum hatte er das gesagt, da löst sich vom nahen Eichenbaum ein Blatt und raschelt zu Boden. Darüber erschrickt das kleine Großmaul so sehr, dass es auf und davon fliegt. Der Himmel aber steht immer noch an seinem Platz.
An diese Geschichte muss ich manchmal denken, wenn ich

Gottesdienste erlebe, in denen mit barocker, abgehobener Sprache vom Ambo und Altar aus zu den Menschen gesprochen wird. Die Sprache in der Liturgie ist ein heikles Feld. Sie verleitet dazu, von oben herab zu reden und mit einem Sendungsbewusstsein zu agieren, das leicht verstören kann. Wenn der Mund dabei zu voll genommen wird, bedeutet das noch lange nicht, dass es sich dabei um eine „frohe" Botschaft und um das „Wort Gottes" handelt.

Es ist eine große Kunst, in den zentralen Bereichen kirchlicher Seelsorge Sonntag für Sonntag, tagaus und tagein für Anlässe jedes Lebensalters, von der Wiege bis zur Bahre ums richtige Wort zu ringen, hinter den Worten zu hören und zwischen den Zeilen zu lesen. Jedes Gespräch und jede Ansprache ist ein Neubeginn, ein Tor, durch das der/die SeelsorgerIn, durch Vertrauen geladen, ins Innere eines anderen Menschen eintreten darf. Die darin immer wieder erlebte Heilkraft des Wortes ist im Grunde die wesentlichste beglückende Erfahrung von seelsorglicher und therapeutischer Tätigkeit. Wie in meiner therapeutischen Erfahrung, so kann ich auch aus meiner Zeit als Seelsorger sagen, dass die Menschen, die Hilfe suchen, zuwarten und prüfen. Sie prüfen, ob ein/e SeelsorgerIn das Vertrauen, das sie ihm/ihr entgegenbringen möchten, auch verdient, ob er/sie sich nur um die Seele sorgt oder auch vom Leib und vom Leben etwas versteht und erfahren will. Sie prüfen, ob er/sie ein „Mensch" ist oder aber ein „Mensch des Systems", ob er/sie belehrt oder auch hört und bereit ist zu lernen.

Ein junger, sprachbegabter Priester wurde von Kirchenbesuchern nach seiner Predigt mit anerkennenden Worten gelobt. In seiner angelernt wirkenden Bescheidenheit wusste er darauf nur zu sagen: „Nicht ich, der Heilige Geist hat durch mich gesprochen!"

Die Sprache in der Liturgie bemüht sich um Äquidistanz, um eine angemessene Nähe und um eine gebührende Distanz. Als ein Zelebrant einmal meinte, die Gottesdienstgemeinde statt mit „Der Herr sei mit Euch!" mit „Guten Morgen! Ich hoffe,

Sie haben gut geschlafen!“ begrüßen zu müssen, soll sich ein Mann erhoben und im Weggehen gesagt haben: „Heute Nacht ist mein Vater gestorben. Ich habe nicht gut geschlafen!“

Am Christtag 2008 besuchte ich einen Festgottesdienst, der mit großartiger Predigt und wunderbarer Musik Weihnachten auch liturgisch zum Erlebnis werden ließ. Vor der Kommunionfeier ging dann die festliche Stimmung für viele Teilnehmer durch eine kurze Ansage abrupt zu Ende: „Sie haben jetzt die Gelegenheit, die heilige Kommunion zu empfangen. Ich mache Sie darauf aufmerksam, dass das nur und ausschließlich für die Katholiken unter Ihnen möglich ist. Treten Sie vor, kommunizieren Sie vor den Augen des Priesters, damit Sie uns und sich selbst Schwierigkeiten ersparen!“ Ich traute meinen Ohren nicht. „Der macht alles kaputt“, murmelte jemand enttäuscht. Wie ein kleiner Tropfen ein ganzes Glas Wasser verschmutzen kann, so kann ein falsches Wort „schlag“-artig die Atmosphäre vergiften. Als ich von diesem Erlebnis in einer Rundfunksendung erzählte, rief mich am nächsten Tag der verantwortliche Priester dieser Kirche an und entschuldigte sich. Er habe einem jungen Mitbruder den Auftrag zu dieser Ansage erteilt, dabei aber nicht bedacht, dass es klüger gewesen wäre, selbst und behutsamer das Wort zu ergreifen.

In meiner Zeit als Seelsorger in Klein St. Paul erkundigte sich der damals schon in Berlin engagierte und ehemalige Direktor des Wiener Burgtheaters Claus Peymann nach den „Beginnzeiten meiner Vorstellungen“ und teilte mir mit, dass er vorhabe, am kommenden Sonntag den festlichen Gemeindegottesdienst zu besuchen. Gründlicher als sonst bereitete ich mich auf meine Predigt vor, weil ich dachte, einem Theaterdirektor eine würdige „Vorstellung“ bieten zu müssen, noch dazu einem Protestanten, der sich als hervorragender Kenner liturgischer Traditionen zu erkennen gab. Und am Ende des Gottesdienstes war sein Lob auch nicht ausgeblieben: „Was ich heute hier erlebt habe, kriege ich auf keine Bühne!“ Voller Stolz auf die gelungene Feier freute ich mich natürlich über das Kompliment, wenn ich auch noch nicht wissen konnte, was für einen Regisseur so schwer auf eine Bühne zu bringen wäre. Ein ausgiebiges Mittagessen lang erhoffte ich mir Aufklärung, die, wenn auch sehr spät, dann aber doch nachgereicht wurde: Was den Meister der Dramaturgie so sehr beeindruckt hatte, war nicht die Predigt und auch nicht der sonstige Verlauf der Feier, sondern der Moment der Wandlung, jener kurze Augenblick, wo der Priester die Hostie erhebt, um sie der versammelten Gemeinde zu zeigen, wobei im übervollen Kirchenraum für einen Augenblick völlige Stille eintritt. Diese Stille war es, die dem Gast das Gefühl vermitteln konnte, als Fremder willkommen zu sein und dazuzugehören.

Worte am offenen Grab

Besonders heikle und wichtige Bereiche des liturgischen Wortes sind Begräbnisse.

Am offenen Grab sind Menschen ganz besonders sensibel und verletzlich. Gerade deshalb war es mir immer wichtig, dass kirchliche Seelsorge Begräbnisse nicht zu Programmreden missbraucht. Wer am offenen Grab an der Not der Menschen vorbeiredet, der darf sich nicht wundern, dass Betroffene sich abwenden und mit Seelsorge nichts (mehr) zu tun haben wollen. Ein in diesem Sinn besonders geglücktes Erlebnis war für mich das Begräbnis des österreichischen Bundespräsidenten Thomas Klestil im Juli 2004. In behutsam gewählten, aber klaren und beherzten Worten hatte der Erzbischof von Wien den Ritus geleitet und den Abschied eines Staatsmannes für mich und für viele zu einem religiösen Erlebnis gemacht. Denn so, wie die Religion uns zu unseren Wurzeln zurückführen kann, so sollte sie uns auch am Ende des Lebens achtsam und liebevoll begleiten.

Der Schweizer Schriftsteller und Theologe Kurt Marti[112] hat mit seinem markanten literarischen Werk eine Neubesinnung auf eine längst fällige Sprachreform im liturgischen Raum bewirkt. Sein wohl berühmtestes Buch „Leichenreden"[113] beinhaltet Texte, die für beamtete Kirchenohren immer noch unerhört klingen mögen, weil sie so wohltuend abweichen von der unverbindlichen Äquidistanz und barocken Abgehobenheit liturgischer Sprache:

dem herrn unserem gott
hat es ganz und gar nicht gefallen
daß gustav e. lips
durch einen verkehrsunfall starb
...
dem herrn unserem gott
hat es ganz und gar nicht gefallen
dass einige von euch dachten
es habe ihm solches gefallen
im namen dessen der tote erweckte
im namen des toten der auferstand:
wir protestieren gegen den tod von gustav e.lips

Im Sinne dieser „Leichenrede" wird in rabbinischer Tradition erzählt, dass bei einem Nachbarn des Rabbi Mosche Löb mehrere Kinder nacheinander im zarten Alter gestorben wären. Die Mutter hätte eines Tages ihren Kummer der Frau des Rabbi anvertraut: „Was für ein Gott ist denn der Gott Israels? Er ist grausam und nicht barmherzig. Er nimmt, was er gegeben hat." „Du darfst nicht so reden", soll die Frau des Rabbi ihr geantwortet haben, „so darfst du nicht reden. Die Wege des Himmels sind unergründlich. Man muss lernen, sein Schicksal anzunehmen." In diesem Augenblick sei der Rabbi auf der Türschwelle erschienen und soll zur unglücklichen Mutter gesagt haben: „Und ich sage dir, Frau, man muss es nicht annehmen! Man muss sich nicht unterwerfen. Ich rate dir, zu rufen, zu schreien, zu protestieren, Gerechtigkeit zu fordern, verstehst du mich, Frau? Man darf es nicht einfach annehmen!"

Nil nisi bene

De mortuis nil nisi bene! – „Über die Toten nur Gutes!" So, wie wir dieses Sprichwort gemeinhin verstehen, ist es falsch übersetzt. Es meint nicht, über jemanden nur Gutes zu erzählen, sondern: Was man über Abwesende, die sich nicht verteidigen können, und erst recht über Verstorbene zu sagen hat, das muss nicht nur stimmen, es soll auch „gut" gesagt sein. Wenn an offenen Gräbern manchmal bis zur Unerträglichkeit „Schmeichelreden" stattfinden und erst dann hinter vorgehaltener Hand etwas vom nicht gesagten Rest der ganzen Wahrheit zu hören ist, bleibt ein eigenartiger Eindruck von Verlogenheit zurück. Zwischen Verklärung und Realität liegt ein weites Feld. Mensch sein heißt auch, Fehler zu machen und aus Fehlern zu lernen. Wo gerade als Erntedankbilanz am Schluss eines Lebens etwas davon zur Sprache kommen kann, wird ein augenzwinkernder Dialog mit einem Verstorbenen über sein Grab hinaus möglich:

welche wohltat
einmal auch sagen zu dürfen:
nein er war nicht tüchtig
und wechselte oft die stelle
nein er war nicht fleißig
und arbeitete nur
sofern es nicht anders ging
…
welche wohltat
in einer welt
die vor tüchtigkeiten
aus den fugen gerät:
ein mann der sich gute tage
zu machen wußte
ehe nach einigen bösen
jetzt der letzte tag für ihn kam[114]

10. Die Seele und der Sinn

Im Titel dieses Buches wird so selbstverständlich von der „Seele“ und vom „Sinn“ gesprochen, dass, von einer „Definition“ weit entfernt, wenigstens zum Ausklang der Versuch einer Annäherung an diese Begriffe unternommen werden soll.

Seele, Psyche oder Hauch des Lebens?

Die Bibel Jesu kennt das Wort „Seele“ überhaupt nicht. Im Ersten Testament ist in synonymen Ausdrücken dafür vom „Blut“ als „Sitz des Lebens“ die Rede oder vom „Herz“ als jenem Ort, in den Gott selbst sein Gesetz dem Menschen einschreiben wird (vgl. Jes 31,31ff.). Vor allem aber ist in der Bibel die Rede von der *ruah Jahwe*, vom „Atem Gottes“, vom „Hauch des Lebens“, durch den der angehauchte Staub zum Leben erwacht. Aus der Sicht der Bibel Jesu ist ein Mensch, wenn er stirbt, ganz tot. Wenn er wieder zum Leben ersteht, dann nur, weil Gott an ihm handelt und ihn wieder ins Leben ruft. In der Vision von der Auferweckung Israels im Buch des Propheten Ezechiel werden „ausgetrocknete Gebeine“ durch das Handeln Gottes wie im Buch Genesis bei der Erschaffung des Menschen „durch Geistbraus“ wieder ins Leben gerufen:

So hat mein Herr, ER, gesprochen
zu diesen Gebeinen:
Da, Geistbraus lasse ich kommen in euch,
und ihr lebt.
Ich gebe über euch Sehnen,
ich lasse Fleisch euch überziehn,

ich überspanne euch mit Haut,
Geistbraus gebe ich in euch,
und ihr lebt
und erkennt,
dass ICH es bin.[115]

Erst das Zweite Testament spricht von der „Seele" des Menschen als unsterblichem göttlichem Funken und führt damit einen nicht ungefährlichen platonischen Dualismus in das biblische Denken ein. *Anima est forma corporis,* die Seele ist es, die dem Leib Gestalt und Erscheinung verleiht. Die Seele ist göttlich und unsterblich. Wenn der Körper stirbt, lebt die Seele weiter.

Während also im Ersten Testament Auferstehungshoffnung darin besteht, dass Gott allein handelt, weil nur er Tote ins Leben rufen kann, bedeutet diese Hoffnung im Zweiten Testament bedingt durch den hellenistischen Leib-Seele-Dualismus „nur mehr" das Sichtbarwerden einer immer schon vorhandenen Unsterblichkeit der Seele.

Wer sich auf die Suche begibt nach dem, was wir „Seele" nennen, ist gut beraten, nicht bei philosophischen und theologischen Konzepten und Denkmustern stehen zu bleiben, sondern, wie Ralph R. Greenson das der Psychotherapie rät, in den Kosmos der Welt der universalen Erlebnisse einzutauchen und das die Menschheit Verbindende zu suchen. Nach Greenson sollte der Analytiker einen reichen Schatz persönlicher Lebenserfahrung haben, auf den er zurückgreifen kann, um den Patienten leichter zu verstehen. Hilfreich dabei sind gute Kenntnisse in Literatur, Dichtung, Theater, Märchen, Volksbräuchen und Spielen. All diese „Ingredienzien" tragen zu einer lebhaften Vorstellungskraft und einem lebendigen Fantasieleben bei, die für die tägliche Arbeit des Verstehens von unschätzbarem Wert sind. „Die Welt der Illusionen des Menschen, seien es Theater, Musik, Kunst, Märchen oder Tagträume, hat es mit universellen Erlebnissen zu tun und verbindet die Menschheit. In diesen Medien sind wir einander näher als in unseren bewußten Tätigkeiten oder sozialen Institutionen."[116]

Peter Handke hat den biblischen Satz „Was nützt es einem Menschen, wenn er die ganze Welt gewinnt, an seiner Seele aber Schaden leidet" (Mk 8,34 und Lk 9,25) umgedreht und gefragt: „Was nützt es dem Menschen, wenn er an der Seele gewinnt, an der Welt aber Schaden leidet?"[117]

Es gibt demnach eine Art der Beschäftigung mit der Welt, die uns die Seele vergessen lässt; genauso aber gibt es eine Art der Beschäftigung mit der Seele, die uns die Welt vergessen lässt. Beide Einseitigkeiten führen ins Leere oder aber in unnütze gegenseitige Verdächtigung. Die Sorge, dass die weltlichen Dinge die seelischen Bedürfnisse ersticken und in den Hintergrund drängen, mag ein durchaus berechtigtes Anliegen des Seelsorgers sein. Das darf aber den Therapeuten nicht daran hindern, die Seelsorge ihrerseits vor Einseitigkeit und notorischer Weltvergessenheit zu warnen. Es gibt Ansätze in der Psychotherapie, die auf die Seele nicht nur vergessen, sondern die Verwendung des Ausdrucks als „unwissenschaftlich" zurückweisen, und es gibt Ansätze in der Seelsorge, der man zu Recht „Weltvergessenheit"[118] nachsagen kann. Beides führt zu schmerzlicher Einseitigkeit und zu einer verstümmelten Welt- und Menschensicht.

Zum 10. Todestag von Erwin Ringel hatte ich für die Zeitschrift des österreichischen Vereins für Individualpsychologie „VIP Nachrichten" einen Artikel verfasst: „Auf der Suche nach der Seele".[119] Ein Lehrtherapeut der Individualpsychologie hatte darauf in der nächsten Ausgabe[120] reagiert und den „Missstand von Gleichsetzungen bzw. Verwechslungen von Seele und Psyche im professionell psychologischen Bereich" beklagt. Er meinte, dass eine sprachliche Verwendung von „Seele" nur Unklarheit stiften könne und daher in Aussagen, welche sich ernsthaft mit psychischen Vorgängen befassen, „deplatziert" sei. Er definierte in einer neuzeitlichen Erörterung den Begriff

„Seele" und stellte diesem dann eine sogenannt „wissenschaftliche" Konzeption des Begriffes „Psyche" gegenüber. Dem Kollegen war bei der Lektüre meines Beitrages der Verdacht gekommen, dass ich von meinem Konzept abweichende Positionen zurückgewiesen hätte. Er hingegen wollte in psychologisch-professioneller Art von „Psyche" sprechen, damit, wie er fürchtete, die Psychologie nicht zur Assistentin der Theologie verkomme, eine Angst, aus der heraus er mir auch zu unterstellen versuchte, es ginge mir um eine Gleichsetzung von Psychotherapie und Seelsorge bzw. um eine missbräuchliche Indienstnahme der Psychotherapie zugunsten einer im Rang höher stehenden Theologie. Mir aber war es in dem besagten Artikel nicht um Kontroverse gegangen, sondern bestenfalls um den schon von Romano Guardini 1925 beschriebenen, auf beiden Seiten liegenden „Rest von Unvereinbarkeit"[121], der aber nicht einen grundsätzlichen Unterschied, sondern eher eine nützliche Variation bedeutet. Wie damals, so geht es mir auch heute nicht um ein kämpferisches „Entweder-oder-Denken", sondern um ein „Sowohl-als-auch" aus persönlicher Sicht und Erfahrung. Meine Überlegungen gehen lieber von Bildern und Gleichnissen aus, nicht so sehr und schon gar nicht mit Vorliebe von Dogmen und Lehrsätzen; gegen Definitionen und Sprachregelungen ist grundsätzlich nichts einzuwenden, solange sie nachvollziehbar sind und zu Klarstellungen beitragen. Aber wir denken nun einmal in Bildern und Metaphern. Nicht nur die Bibel ist voll davon. Das Judentum als die wesentlichste Wurzel nicht nur des Christentums, sondern auch der Psychoanalyse transportiert dadurch die Weisheit eines Volkes von Generation zu Generation. Auch beim Versuch, dem weiten Land der Seele auf die Spur zu kommen, könnten uns also Bilder, Gleichnisse und Erfahrungen besser helfen als wissenschaftliche Begründungen, warum der Theologe nicht von der Psyche und warum der Psychologe nicht von der Seele zu reden hätte. Es ist mir mittlerweile schmerzlich bewusst, dass ich durch eine solche Positionierung unvermeidlich zwischen die

Stühle geraten musste. Auf beiden Seiten begegnen mir unverhofft oft Argwohn und Misstrauen. Die Seelsorger befürchten, dass ich die theologischen Grundsätze über Bord geworfen hätte. Die Therapeuten und Ärzte befürchten die Bevormundung durch die Seelsorge. Der verbissene Ernst theologischer und leider auch therapeutischer Erörterungen belegt nicht selten ein bedauerliches „Entweder-oder-Denken“ gerade dort, wo er „spielerischen Argumenten“ nichts anderes mehr abgewinnen kann als „gedankliche Unschärfe“. Schnell geraten wir so in eine Sprache mit erhobenem Zeigefinger. Diesbezüglich bleiben sich die auf beiden Seiten regierenden „Wächter der reinen Lehre“ gegenseitig nichts schuldig.
Eine besondere Art, sich dem Thema „Seele“ zu nähern, lieferte 1988 der Kärntner Künstler Werner Hofmeister[122] mit seinem Beitrag in Erwin Ringels Publikation „Die Kärntner Seele“. Hofmeister hatte den Kassenbeleg eines Geschäftes für Raumausstattung, Innenraumplanung, Sport und Möbel mit Datum vom 5. 10. 1985 vorgelegt, auf dem ihm der „Einbau einer Seele“ in einen Fußball mit 110,- Schilling in Rechnung gestellt wurde. Hofmeister stellt mit dieser in den Kunst-Kontext übergeführten Rechnung ein vielschichtiges Betrachtungssystem her, indem er die Mehrdeutigkeit des Seelenbegriffs, die Instrumentalisierung und die Käuflichkeit der Seele zur Diskussion stellt.[123]
Im Rahmen einer Ausstellung in Chicago „Kiki Kogelnik and the Venetian Heads“ wurde die Künstlerin gefragt, ob es in ihrer Kunst eine spirituelle Dimension gäbe. Sie antwortete: „Ja, jedes meiner Werke beinhaltet spirituelle Elemente, die nicht unbedingt unmittelbar in Erscheinung treten müssen. Ich erinnere mich an ein Gespräch mit Roy Lichtenstein in den Sechzigerjahren über die Existenz der Seele. Roy konnte daran nicht glauben und wollte von mir wissen, wo ich glaube, dass die Seele im Körper ihren Ort hätte und wie sie aussehen könnte. Ich konnte ihm die Seele nicht definieren, aber ich war mir sicher, dass sie existiert. Und noch immer kann ich nicht

definieren, was Seele ist, aber ich hoffe, Sie werden sie in meiner Arbeit finden."[124]

Auf der Suche nach dem Sinn

Viktor Frankl ist der Schöpfer einer „Höhenpsychologie", die im Gegensatz zu den Tiefenanalysen von Freud und Adler, die Frankl beide kannte, den Versuch unternimmt, dem Menschen einen zukunftsorientierten Sinn für sein Leben zu geben. Das Leben bekommt für Frankl erst dann einen Sinn, wenn der Mensch in der Lage ist, sich sinnorientiert einer Sache, einem anderen Menschen, einem Ziel zuzuwenden. Frankls Lehre vom Sinn hat weltweit aufhorchen lassen und Nachhall gefunden.

Rose Kern und Petrus Vanderlet haben vor Jahren einen Dokumentarfilm gestaltet zum Thema: „Dem Leben Sinn geben … Viktor Frankl"[125]. Darin betont Frankl: „Das Ich ist sich selbst gegenüber betriebsblind." Und nach dem Sinn des Lebens gefragt, meint er weiter: „Ich möchte ganz allgemein sagen, dass der Mensch immer etwas braucht, auf das hin er gerichtet ist. Etwas, was nicht wieder er selbst ist. Etwas oder jemand. In der Liebe zu einem Menschen oder im Dienst an einer Sache verwirklicht der Mensch sich selbst." Und nach dem Sinn in seinem persönlichen Leben gefragt, antwortet er: „Ich möchte sagen: Ich habe den Sinn meines Lebens darin gesehen, anderen zu helfen, in ihrem Leben einen Sinn zu sehen."

1976 hat Erich Fromm in Locarno sein Alterswerk „Haben oder Sein. Die seelischen Grundlagen einer neuen Gesellschaft"[126] verfasst. Der Autor fragt sich, was es bedeute, wenn jemand seine Lebenspraxis am Haben orientiert. In der Regel fällt uns beim Wort „Vermögen" Erspartes ein, Geld, Haben, Kapital. Aber ursprünglich meint der Ausdruck „das, was du kraft deiner Fähigkeiten vermagst". Dieses unser „Vermögen" wollte Erich Fromm kurz vor Beginn eines neuen Jahrtausends wieder in den Blick rücken. Wo das menschliche Sinnen und Trachten des Einzelnen nur ums Haben kreist, verliert eine Gesellschaft ihre Seele und die innere Kraft. Fromm beschäftigte sich in seinem Alterswerk mit zwei Autoren, die aufs Erste betrachtet nicht unterschiedlicher sein könnten: Meister Eckart[127] und Karl Marx[128]. Die von Erich Fromm entdeckten Gemeinsamkeiten zwischen den beiden sind die Grundlagen seines Werkes „Haben oder Sein". Meister Eckhart und Karl Marx hatten aus einer Lebenspraxis heraus gepredigt bzw. geschrieben, bei der sie am eigenen Leib erfahren hatten, dass das Leben erfüllter ist, sofern der Mensch nur auf die ihm eigenen Kräfte zur Einheitserfahrung von Liebe, Vernunft und produktivem Tun baut. Und sie mussten erfahren, dass das Leben in Wirklichkeit leer, langweilig und unerfüllt wird, wenn der Mensch danach strebt, sein Leben nicht aus eigener Kraft zu leben, sondern versucht, es mit Hilfe von Surrogaten, Ersatzstücken und Krücken auszufüllen und sekundär anzureichern. Je mehr der Mensch aus seiner eigenen Mitte leben kann, sich in allen seinen Aspekten akzeptieren, ja gerne haben kann, sagt Erich Fromm, desto leichter ist ihm die Kommunikation mit anderen, weil ihm der andere nicht mehr fremd ist und er keine Angst mehr zu haben brauche vor ihm. Liebe, Vernunft und produktives Tun sind für Fromm die psychischen Eigenkräfte des Menschen, die nur in dem Maß wachsen und entstehen, wie sie praktiziert werden. Sie lassen sich nicht konsumieren, kaufen und aneignen wie Gegenstände des Habens. Sie lassen sich nur praktizieren, wagen und tun. Und was wir dabei wagen und tun, wird durch das Wagnis des Tuns immer mehr. Und was wir verbrauchen und konsumieren, wird durch den Verbrauch immer weniger.

Für Fromm ist die Notwendigkeit einer radikalen menschlichen Veränderung deshalb weder nur eine ethische oder religiöse Forderung noch ausschließlich ein psychologisches Postulat, das sich aus der krankhaften Natur unserer gegenwärtigen Gesellschaft ergibt, sondern sie ist auch eine Voraussetzung für das nackte Überleben der Menschheit. Richtig leben heißt für eine seelisch gesunde Gesellschaft in der Zukunft nicht länger, nur ein ethisches oder religiöses Gebot zu erfüllen. Zum ersten Mal in der Geschichte hängt das physische Überleben der Menschheit von einer radikalen seelischen Veränderung des Menschen ab, sagt Fromm bereits 1976. Dieser Wandel im „Herzen" des Menschen ist jedoch nur in dem Maß möglich, in dem drastische ökonomische und soziale Veränderungen eintreten, die ihm die Chance geben, sich zu wandeln, und den Mut und die Vorstellungskraft, die er braucht, um diese Veränderung zu erreichen.[129]

Biblische Texte belegen eindrucksvoll diese Perspektive: Im Ersten Testament gibt die Witwe von Sarepta (1 Kö 17,8–16) auf Bitten und Drängen des Propheten Elija ihr letztes Mehl aus dem Topf und ihr letztes Öl aus dem Krug, um für ihn Brot zu backen. Zunächst hatte sie ihm vorgerechnet, dass sich ein zusätzliches Brot mit den vorhandenen Vorräten nicht ausgehen könne, da sie auch noch für ihren Sohn und für sich selbst zu sorgen hätte. Solange sie rechnet, ob sie genug „hat", reicht ihr Vorrat nicht. Als sie beginnt, das Brot zu backen, ohne zu wissen, wie sich das rechnet, stellt sie fest, dass der Mehltopf nicht leer wird und der Ölkrug nicht versiegt: „Sie ging und tat, was Elija gesagt hatte. So hatte sie mit ihm und ihrem Sohn viele Tage zu essen. Der Mehltopf wurde nicht leer, und der Ölkrug versiegte nicht, wie der Herr durch Elija versprochen hatte." Dieser „Sarepta-Effekt" ist ein Teil der seelischen Grundlage einer gesunden Gesellschaft: Wenn jeder gibt, was er hat, werden alle satt.

Mutter Teresa soll einmal einen Tag lang von einem Filmteam in Kalkutta bei ihrer Arbeit an Sterbenden begleitet worden sein. Am Ende der Dreharbeiten soll ihr der Kameramann gesagt haben: „Was Sie hier tun, könnte ich für 1.000 Dollar am Tag nicht tun." Und sie soll ihm geantwortet haben: „Sie haben recht. Für 1.000 Dollar am Tag könnte ich das auch nicht tun!"

Im Blick zurück

In der Stimme eines Menschen schwingt die Grundmelodie des Lebendigen, sein innerstes spirituelles Bedürfnis, die unstillbare Sehnsucht, sich mitzuteilen und am Leben anderer Menschen teilzuhaben. Die Stimme als hörbar gemachter Atem, als Klang der Seele, ist das erste Instrument der menschlichen Selbstoffenbarung und ein wesentliches Werkzeug seiner schöpferischen Kraft; sie ist das am meisten geforderte und am wenigsten beachtete Instrument menschlicher Kommunikation; an ihrem Klang ist zu hören, aus welcher Tiefe und Bewegung des Inneren sie kommt, denn mehr als durch Worte teilen wir uns durch den Ton mit, mit dem wir unsere Gedanken und Gefühle „auf die Reise schicken" in der Hoffnung, dass sie „ankommen", angenommen und verstanden werden. Wer in dieser Weise zu hören und zu sprechen beginnt, muss das Zwischenreich zwischen den Worten entdeckt haben, um das wahre Verständnis, den stimmigen Ton und den richtigen Kontakt zum anderen Menschen herstellen zu können. Er/sie muss dabei aber auch wissen, dass alles an ihm/ihr spricht, wenn er/sie „in Erscheinung" tritt. Wir können nicht „Nicht-Kommunizieren".

Von der Kleidung über die Körperhaltung und den Blick der Augen bis zum Klang unserer Stimme sind wir als Mitteilende ein „Gesamtkunstwerk", dessen vielschichtige Botschaft nicht zu schnell verstanden werden darf. Unser Lachen und Weinen, Bitten und Danken, Loben und Klagen, Zurechtweisen und Tadeln, Protestieren und Fluchen, Segnen und Singen bedient sich unaufhörlich und so selbstverständlich der Stimme, dass wir ihre Bedeutung nicht hoch genug einschätzen können. Darum ist es nicht nur wichtig, was wir zueinander sagen, es hängt zuallererst alles davon ab, wer wann wem mit welchem Ton was sagt. „Wenn zwei dasselbe tun, ist es nicht dasselbe, aber auch wenn zwei dasselbe denken, fühlen, wollen, sind Unterschiede vorhanden. Wir können nicht ganz uns des Erra-

tens entschlagen, wenn wir den Andern genau verstehen wollen", sagt Alfred Adler.[130]
Das psychokriminologische Rätsel unserer täglich formulierten kleinen und großen, bewussten und unbewussten Botschaften ist dem weiten Feld der Psychotherapie anvertraut. Ihre Aufgabe ist es nicht, zu enträtseln, sondern zu sensibilisieren, damit der/die Sprechende ein Gespür dafür entwickelt, was in ihm/ihr vor sich geht. Das ist und bleibt die vornehmste Aufgabe der Psychotherapie, auf deren Erfahrungen Seelsorge und alle anderen helfenden Berufe für ihre Arbeit Nutzen ziehen können.
Diese Fähigkeit, mit anderen Menschen in Dialog zu treten, darf aber keinesfalls mit dem generellen Liebesgebot der Bibel verwechselt oder gleichgesetzt werden. Wir haben als Menschen nicht Sehnsucht nach dem anderen Menschen, weil wir von vornherein die Menschen lieben, sondern weil wir sie brauchen, weil keiner ohne den anderen Menschen lebensfähig wäre. Ein menschlicher Umgang unter Menschen ist deshalb in erster Linie nicht ein Produkt der Nächstenliebe, sondern zuallererst das Ergebnis sozialer Klugheit. Anderen helfen zu können hilft mir und andere tragen zu können trägt mich. Dass daraus Liebe wachsen kann, versteht sich von selbst. Demgegenüber aber gibt es Menschen in helfenden Berufen, die in ihrer sozialen Tätigkeit aufgehen und so gut wie nie mit einem Mitmenschen „von Wesen zu Wesen" reden. Sie funktionieren und machen ihre Arbeit gut, bleiben sich und anderen gerade aber das Kostbarste und Beglückendste schuldig, die Anteilnahme am Anderen über die Sprach- und Körpersprachbrücke. Es geht dabei nicht in erster Linie um Liebe, denn es ist nicht möglich, alle Menschen, mit denen wir täglich zu tun haben, gleich zu lieben, wohl aber ist es möglich, für alle einem anvertrauten Menschen präsent und erreichbar zu sein. Er wüsste niemanden, schreibt Martin Buber[131], der es fertiggebracht hätte, alle Menschen, denen er begegnete, in gleicher Weise zu lieben. Auch Jesus wäre das

nicht möglich gewesen; so hätte er sich vor allem denen zugewandt, die es vermochten, sich aufzuraffen, zu ihm zu gehen und ihre Not auch zur Sprache zu bringen; doch das Besondere an ihm sei es gewesen, dass er den Menschen, wenn er ihnen begegnet sei, unmittelbar gegenübergestanden habe. In dieser Unmittelbarkeit und bedingungslosen Akzeptanz wachsen dem Menschen Flügel und sein innerster „Hauch des Lebens" kann zum Pfingsterlebnis, der Klang seiner Seele zur „Zunge wie von Feuer" werden.

Literaturverzeichnis

Adler, A. (1990). Der Sinn des Lebens. Frankfurt am Main: Fischer Taschenbuch Verlag.

Adler, A. (1991). Menschenkenntnis. Frankfurt am Main: Fischer Taschenbuch Verlag.

Adler, A. (2008). Studienausgabe. Band 6. Göttingen: Vandenhoeck & Ruprecht.

Amon, I. (2000). Die Macht der Stimme. Persönlichkeit durch Klang, Volumen und Dynamik. Frankfurt/Wien: Wirtschaftsverlag Carl Ueberreuter.

Anouilh, J. (1975). Becket oder die Ehre Gottes. Schauspiel. München: Deutscher Taschenbuch Verlag.

Augustinus, A. (^{3}1966). Confessiones. Bekenntnisse. Lateinisch und deutsch. München: Kösel Verlag.

Bächli, S. und Hattan, E. (2009). Alleine in der Stille. Ein Gespräch von Heinz-Norbert Jocks. In: Kunstforum 198/2009, S. 204ff.

Bachmann, I. (1982a). Das dreißigste Jahr. Erzählungen. München: Piper.

Bachmann, I. (1982b). Die gestundete Zeit. Anrufung des Großen Bären. Gedichte. München: Piper.

Barnard, C. (1999). Fünfzig Wege zu einem gesunden Herzen. St. Pölten: NP Buchverlag.

Bauer, J. (2005). Warum ich fühle, was du fühlst. Intuitive Kommunikation und das Geheimnis der Spiegelneurone. Hamburg: Hoffmann und Campe.

Bernhard, T. (2003). Erzählungen. Kurzprosa. Werke 14. Frankfurt am Main: Suhrkamp Verlag.

Bischofskonferenzen Deutschlands, Österreichs und der Schweiz und des Bischofs von Luxemburg (1969). Die Feier der Kindertaufe. Einsiedeln, Köln, Freiburg im Breisgau, Regensburg, Wien, Salzburg, Linz: Benzinger, Herder, Pustet, St. Peter, Veritas.

Boethius. (1997). Trost der Philosophie. Zweisprachige Ausgabe. Leipzig: Insel Verlag.

Bonowitz, B. (2006). Fides ex auditu. Der Novizenmeister als Hörender. In: Erbe und Auftrag. Benediktinische Zeitschrift – Monastische Welt. Heft 4/06 (82. Jahrgang).

Bossinger, W. und Eckle, R. (Hg.) (2008). Schwingung und Gesundheit. Neue Impulse für eine Heilungskultur aus Wissenschaft, Musik und Kunst. Battweiler: Traumzeit-Verlag der Neuen Klangkultur.

Brockhaus. (1988). Brockhaus Enzyklopädie. Band 6. Mannheim: F. A. Brockhaus.

Brockhaus. (1990). Brockhaus Enzyklopädie. Band 12. Mannheim: F. A. Brockhaus.

Buber, M. (1985a). Bücher der Geschichte. Heidelberg: Verlag Lambert Schneider.

Buber, M. (1985b). Bücher der Kündung. Heidelberg: Verlag Lambert Schneider.

Buber, M. (1965a). Das dialogische Prinzip. Heidelberg: Verlag Lambert Schneider.

Buber, M. (1987). Die fünf Bücher der Weisung. Heidelberg: Verlag Lambert Schneider.

Bucay, J. (2006). Geschichten zum Nachdenken. Zürich: Ammann Verlag.

Bucheli, R. (2009). Die bodenlose Trauer ist mit der grundlosen Helle irgendwo verwandt. In: Neue Zürcher Zeitung. Internationale Ausgabe Nr. 158/2009, S. 32.

Chicago Athenaeum. (1996). Kiki Kogelnik and the venetian heads. Exhibition September 17 – November 10, 1996. Chicago, Illinois: The Chicago Athenaeum.

Dalai Lama und Ekman, P. (2009). Gefühl und Mitgefühl. Emotionale Achtsamkeit und der Weg zum seelischen Gleichgewicht. Heidelberg: Spektrum Akademischer Verlag.

Darwin, C. (2009). Gesammelte Werke. Frankfurt am Main: Zweitausendeins.

Duden. (2007). Band 8: Das Synonymwörterbuch. Mannheim – Leipzig –Wien – Zürich: Bibliographisches Institut.

Eggers, T. (1980). Erinnerungen an Gott. München: Kösel Verlag.

Eisler-Mertz, C. (1997). Die Sprache der Hände. Was uns unsere Gesten verraten. Landsberg am Lech: mvg-verlag.

Ekman, P. (2007). Gefühle lesen. Wie Sie Emotionen erkennen und richtig interpretieren. Heidelberg: Spektrum Akademischer Verlag.

Ende, M. (1973). Momo oder die seltsame Geschichte von den Zeitdieben und von dem Kind, das den Menschen die gestohlene Zeit zurückbrachte. Ein Märchenroman. Stuttgart – Wien: K. Thienemanns Verlag.

Ferino-Pagden, S. (2009). Wir sind Maske. Milano: Silvana Editoriale Spa.

Frankl, V. (1994). Der unbewusste Gott. Psychotherapie und Religion. Deutscher Taschenbuch Verlag.

Freud, S. (1970). Studienausgabe Band IV. Psychologische Schriften. Frankfurt am Main: S. Fischer.

Fromm, E. (1980). Haben oder Sein. Die seelischen Grundlagen einer neuen Gesellschaft. Stuttgart: Deutsche Verlagsanstalt.

Gotteslob. Diözese Gurk-Klagenfurt. (1975). Katholisches Gebet- und Gesangbuch. Stuttgart: Katholische Bibelanstalt.

Gottmann, J. (1997). Kinder brauchen emotionale Intelligenz. Ein Praxisbuch für Eltern. München – Zürich: Diana Verlag.

Greenson, R. R. (1989). Technik und Praxis der Psychoanalyse. Stuttgart: Klett-Cotta.

Greiner, U. (1997). Kleiner Versuch über den Genuss. In: Die Zeit. Nr. 28 vom 4. 7. 1997, Beilage Wissenschaft, S. 1–5

Groddeck, G. (^{4}1978). Das Buch vom Es. Psychoanalytische Briefe an eine Freundin. München: Limes Verlag.

Guardini, R. (^{3}1985). Der Gegensatz. Versuche zu einer Philosophie des Lebendig-Konkreten. Mainz: Matthias Grünewald Verlag.

Handke, P. (1969). Begrüßung des Aufsichtsrates. Frankfurt am Main : Suhrkamp Verlag.

Handke, P. (1979). Langsame Heimkehr. Erzählung. Frankfurt am Main: Suhrkamp Verlag.

Hassler Silke <Hrsgb.>. (2002). Peter Turrini. Ein paar Schritte zurück. Gedichte. Frankfurt am Main: Suhrkamp Verlag.

Ensemble MonSonA (Michael Hecher, Dagmar Pleschberger, Manfred Tischitz und Gabriele Wagner-Kari). (2009). Herzohr. [M. Tischitz, Dirigent] Pankratium Gmünd. (CD)

Jahn, E. und Adler, A. (1933). Religion und Individualpsychologie. Eine prinzipielle Auseinandersetzung über Menschenführung. Wien und Leipzig: Verlag Passer.

Kapellari, E. (1980). Heilige Zeichen in Liturgie und Alltag. Stuttgart, Maria Laach: Verlag Katholisches Bibelwerk Stuttgart und ars liturgica Buch- und Kunstverlag.

Kast, V. (1999). Trauern. Phasen und Chancen des psychischen Prozesses. Stuttgart: Kreuz.

Kästner, E. (2004). Werke Band II. Wir sind so frei. Chansons, Kabarett, Kleine Prosa. München: Deutscher Taschenbuch Verlag.

Kern, R. und Vanderlet, P. (Regisseure). (1991). Dem Leben Sinn geben ... Viktor Frankl [Kinofilm]. Dauer: 57'20"

Krüger, G. (2004). Epikur. Von der Überwindung der Angst. Münster: Aschaffenburg Verlag.

Kruppa, H. (1984). Gedichte gegen den Frust. Frankfurt am Main: Fischer Taschenbuch Verlag.

Kugler, M. (2009). Der Weg ins Paradies. In: Die Presse vom 24. 8. 2009, S. 20

Kunze, R. (1986). eines jeden einziges leben. gedichte. Frankfurt am Main: S. Fischer.

Kury, A. (2009). Meine ungewöhnlichen Reisen. Schritte der Hoffnung. Halle an der Saale: Projekte Verlag.

Lavant, C. (1972). Die Bettlerschale. Gedichte. Salzburg: Otto Müller Verlag.

Lavant, C. (1991). Und jeder Himmel schaut verschlossen zu. Fünfundzwanzig Gedichte für O.S. Wien, München: Jungbrunnen.

Lemke, H. (1992). Seelsorgerliche Gesprächsführung. Gespräche über Glaube, Schuld und Leiden. Stuttgart: Kohlhammer Verlag.

Lempp, R. (1996). Die autistische Gesellschaft. Geht die Verantwortlichkeit für andere verloren? München: Kösel.

Lukan, U. (2004). Zur Notwendigkeit der Unterscheidung von Seele und Psyche. In: VIP Nachrichten 2/2004 (Hg.: Ö. V. Individualpsychologie), S. 22–24.

Marti, K. (2001). Leichenreden. Zürich: Nagel & Kimche.

Mettnitzer, A. (2004). Auf der Suche nach der Seele. Zu Erwin Ringels 10. Todestag am 27. Juli 2004. In: VIP Nachrichten 1/2004 (Hg.: Ö. V. Individualpsychologie), S. 16–23.

Mettnitzer, A. (2008). Couch & Altar. Erfahrungen aus Psychotherapie und Seelsorge. Wien – Graz – Klagenfurt: Styria.

Müller, W. (1998). Gönne Dich Dir selbst. Von der Kunst sich gut zu sein. Münsterschwarzach: Vier-Türme-Verlag.

Pleschberger, H. (1988). Liada aus'n Liesertal. Heft 1. Klagenfurt: Carinthia.

Putz, R. und Pabst, R. (Hg.) (1993). Sobotta. Atlas der Anatomie des Menschen. Band 1. Kopf, Hals, obere Extremität. München – Wien – Baltimore: Urban & Schwarzenberg.

Reich-Ranicki, M. (Hg.) (1977). Frankfurter Anthologie. Gedichte und Interpretationen. Frankfurt am Main: Insel Verlag.

Rilke, R. M. (1995). Die Gedichte. Frankfurt am Main: Insel Verlag.

Ringel, E. (1988). Die Kärntner Seele. Klagenfurt/Celovec und Wien/Dunaj: Hermagoras Verlag/Mohorjeva zalozba.

Ringel, E. (2000). Die Kärntner Seele. Klagenfurt – Lubljana – Wien: Mohorjeva/Hermagoras.

Saint-Exupéry, A. de (1998). Der kleine Prinz. Zürich: Arche.

Schönberg, A. (1909/1910). Aphorismus. Die Musik. Band IX. Nr. 21 , S. 159–163

Seneca, L. A. (1985). Lettere a Lucilio. Volume secondo. (Libri X–XX). Milano: Biblioteca Universale Rizzoli.

Sölle, D. (1997). Mystik und Wiederstand „du stilles Geschrei". Hamburg: Hoffmann und Campe.

Stier, F. (1989). Das Neue Testament. München: Kösel Verlag.

Titze, M. (2007). Die heilende Kraft des Lachens. Mit therapeutischem Humor frühe Beschämungen heilen. München: Kösel Verlag.

Titze, M. und Eschenröder, Ch. T. (1999). Therapeutischer Humor. Grundlagen und Anwendungen. Frankfurt am Main: Fischer Taschenbuch Verlag.

Trunz, E. (2005). Goethe. Faust. Der Tragödie erster und zweiter Teil. Urfaust. München: C. H. Beck.

Turrini P. (2002). Ein paar Schritte zurück. Gedichte. Frankfurt am Main: Suhrkamp Verlag.

Anmerkungen

[1] Apg 2,1–13 in der Übersetzung von Fridolin Stier. Stier, 1989, S. 257

[2] Bischofskonferenzen Deutschlands, Österreichs, der Schweiz und des Bischofs von Luxemburg, 1969, S. 69

[3] Ende, 1973, S. 15–16

[4] Vgl. Lavant, 1991, S. 11

[5] Lavant, 1972, S. 5

[6] Ebda., S. 140

[7] Bonowitz, 2006. In: „Erbe und Auftrag. Benediktinische Zeitschrift – Monastische Welt", Heft 4/2006, S. 447

[8] Prof. Mag. Hans Pleschberger (* 1942 in Rennweg am Katschberg); Volksschule in St. Georgen ob Rennweg. Gymnasium in Tanzenberg bei Maria Saal. Studium an der Akademie für Musik und darstellende Kunst in Wien, Musikerziehung (1968), Diplomprüfung für Kirchenmusik (1969), Geschichte an der Universität Wien (1971). Mitwirkung in verschiedenen Chören und Ensembles: ORF-Chor Wien, La Cappella, Leiter der Ars Musica, Konzertreisen nach Spanien, Italien, Deutschland und Dänemark.
1977 Förderungspreis für Musik des Landes Kärnten, neben einigen Kärntnerliedern auch Gelegenheitskompositionen: Proprium für 3 stg. gem. Chor, Psalm 121 (vom A-capella-Chor Villach uraufgeführt), „Deutsche Messe" für gem. Chor, Volk und Kantor mit Streichquartett- und Blechbläserbegleitung. Szenisches Oratorium für zwei Oberchöre, Sprecher und zwei Tasteninstrumente.
Angeregt durch Uni.-Prof. Walter Deutsch Beschäftigung mit dem Volkslied im Katschtal und Liesertal; mit dem „Katschtaler (Studenten) Quartett" hat Pleschberger geistliche und weltliche Volkslieder nach eigenen Aufzeichnungen wiederbelebt und zu dritt auch sonst kaum noch gehörte Volksballaden zur Aufführung gebracht. Seit den 1990er Jahren Feldforschung in den übrigen Tälern Kärntens (u. a. im Lavanttal und Gurktal).
Veröffentlichungen: „Liada aus'n Liesertal" (2 Hefte), „Katschtaler Messe", „Katschtaler Volkspassion" und „Katschtaler Weih-

nachtsmotette". Seit 1986 wieder in seiner Heimatgemeinde ansässig, dort tätig als Sänger, Organist und Chorleiter, Liedlehrer in Kärnten und im benachbarten Lungau.

[9] Vgl. das Vorwort von Heft 1 der „Liada aus'n Liesertal". Pleschberger, 1988, S. 3

[10] Brief von Hans Pleschberger an den Autor vom 20. Mai 2009

[11] Pleschberger, 1988, S. 5–6

[12] Saint-Exupéry, 1998, S. 67

[13] Ebda.

[14] Adler, 1990, S. 179

[15] Bucay, 2006, S. 67

[16] Vgl. Amon, 2000, S. 29

[17] Gen 2,7 in der Übersetzung von Martin Buber. Buber, 1987, S. 13

[18] Faust I, Vers 1224–1237. Zit. n. Trunz, 2005, S. 44

[19] Vgl. dazu Bossinger, W. und Eckle, R. (Hg.), 2008, S. 17–18

[20] Alexander Lauterwasser (* 1951 in Überlingen am Bodensee); Studium der Philosophie und Psychologie in München und Heidelberg, seit 1981 Arbeit mit Jugendlichen in der Drogentherapie. Seit 1984 intensive Beschäftigung mit Fragen der Morphogenese und Morphologie organischer Formen, ausgehend von der Schildkröte und der besonderen Bildsprache ihres Panzers. Seit 1993 Beschäftigung mit der Kymatik von Hans Jenny, eigene Experimente und Forschungen zu den Gestaltungsprozessen von Schwingungen, Klängen und Musik. Vorträge und Seminare, Ausstellungen, Live-Wasser-Klang-Projektionen bei verschiedenen Konzerten. Im AT Verlag ist von ihm 2002 das Buch „Wasser Klang Bilder" erschienen. Homepage: www.wasserklangbilder.de

[21] Siehe unten S. 121, Fußnote 102

[22] Beiheft der CD „Herzohr". Herzohr, 2009

[23] Handke, 1979, S. 139–140

[24] Vgl. Lk 7,7 in der Übersetzung von Fridolin Stier. Stier, 1989, S. 143

[25] Konfuzius (* 551 v. Chr., † 479 v. Chr.); lebte in einer Umbruchzeit, in der sich das alte chinesische Feudalreich in

Einzelstaaten auflöste und die Glaubwürdigkeit des darauf bezogenen mythologisch-religiösen Wertesystems infrage gestellt wurde. Konfuzius entstammte dem Kleinadel, führte ein Wanderleben, sammelte eine wechselnde Schar von Schülern um sich und erstrebte die Neuerrichtung des alten Feudalreiches auf ethischer Grundlage. Er hinterließ keine eigenen Werke. Seine Lehre ist in dem Buch über die „Gespräche" niedergelegt, die er mit seinen Schülern führte. Quelle: Brockhaus, 1990, S. 252

[26] Vgl. Mettnitzer, 2008, S. 120

[27] Joh 20,13–16 in der Übersetzung von Fridolin Stier. Stier, 1989, S. 250

[28] Vgl. dazu Gottmann, 1997, S. 252ff.

[29] Vgl. Groddeck, 41978, S. 18–19

[30] Ein Beitrag von Ulfried Geuter in der Ö1-Sendereihe „Dimensionen – Die Welt der Wissenschaft" des ORF vom 9. 7. 2009 unter dem Titel „Mit dem Körper reden. Wie wir uns durch Mimik, Gestik und Körperhaltung mitteilen" hat mir in diesem Zusammenhang wertvolle Anregungen gegeben.

[31] Vgl. Charles Darwin, „Der Ausdruck der Gemütsbewegungen bei dem Menschen und den Tieren". In: Darwin, 2009, S. 1163 –1370

[32] Vgl. Putz, R. und Pabst, R. (Hg.), 1993, S. 69–75

[33] Dr. Paul Ekman (* 1934 in Washington D. C.) ist ein amerikanischer Anthropologe und Psychologe. Äußerst lesenswert ist sein Buch „Gefühle lesen. Wie Sie Emotionen erkennen und richtig interpretieren" (2007); weiters gemeinsam mit dem Dalai Lama: „Gefühl und Mitgefühl. Emotionale Achtsamkeit und der Weg zum seelischen Gleichgewicht" (2009)

[34] Vgl. dazu das sehr leicht lesbare und interessante Büchlein „Die Sprache der Hände". Eisler-Mertz, 1997

[35] Zit. n. Kruppa, 1984, S. 66

[36] Der gleichnamige Ausstellungskatalog ist eine interessante Fundgrube für vertiefende Information. Vgl. Ferino-Pagden, 2009.

[37] Vgl. Langenbach, 2009

[38] Vgl. ebda.

[39] Bauer, 2005, S. 85. In diesem Buch findet sich eine gute, weil leicht verständliche Zusammenfassung der bisherigen Forschungsergebnisse. Hier vor allem das 4. Kapitel „Spiegelneurone und die Herkunft der Sprache", S. 75–84

[40] Vgl. Langenbach, J. Sehen und Gesehenwerden. In: Die Presse vom 23. Juni 2009, S. 23

[41] Laut Bericht der Tageszeitung „Kurier" vom 11. 7. 2009, S. 3.

[42] Kury, 2009, S. 152

[43] Rilke, 1995, S. 451

[44] Vgl. Kapellari, 1980, S. 82

[45] Vgl. Duden, 2007, S. 266: ausgezeichnet, brillant, einmalig, erstklassig, fabelhaft, genial, grandios, großartig, sehr gut, sehr lobenswert, sehr schön, vortrefflich, vorzüglich; (ugs.): [echt] bombig, [echt/einsame] Spitze, [echt/ganz] prima, [echt/große] Klasse, [echt] super, [ganz] famos, [ganz] fantastisch, [ganz] toll, glänzend, großartig, klassisch, pfundig, tadellos; (österr. ugs.): klass; (ugs., bes. südd., österr., schweiz.): sauber [sauber]; (salopp): [echt] cool, eine Wucht; (salopp, bes. Jugendspr.): affengeil, [echt] geil; (emotional): wunderbar; (ugs. emotional verstärkend): supertoll; (oft scherzh.): göttlich; (berlin. veraltend): knorke, schnafte; (Jugendspr.): [echt] krass, fett.

[46] Schönberg, 1909/1910, S. 159–163

[47] Kunstforum 198, 2009, S. 207

[48] Bernhard, 2003, S. 317

[49] Dr. Josef Smolle, Rektor der Med-Uni Graz, in: „Der Standard" vom 18. 8. 2009, S. 27. Er zitiert dabei, was Bertrand Russell über das „gute Leben" gesagt hat.

[50] Vgl. „Die Presse" vom 28. 7. 2009, S. 4. Matthias Beck (53) ist Professor für Moraltheologie mit Schwerpunkt Medizinethik an der Universität Wien. Der in Hannover Geborene absolvierte vier Studien: Pharmazie, Medizin, Philosophie und Theologie. Seine Arbeitsschwerpunkte liegen im Bereich der Stammzellenforschung, des Klonens, der ethischen Fragen der Genetik, der Sterbehilfe und interdisziplinärer Fragen in der Medizin. Beck ist unter anderem Mitglied der europäischen Akademie der Wissenschaften.

[51] Zit. n. Hans Kruppa, 1984, S. 61

[52] Matthias Varga von Kibed (* 1950 in Bremen), Logiker und Wissenschaftstheoretiker, gründete 1966 gemeinsam mit Insa Sparrer das SySt/Institut für systemische Ausbildung, Forbildung und Forschung in München. Schwerpunkt der Arbeit ist die Entwicklung der systemischen Strukturaufstellungen.

[53] Adolf Muschg, Schriftsteller, wurde am 13. Mai 1934 in Zollikon geboren. Nach Studien in Zürich und Cambridge promovierte er über Ernst Barlach. Von 1970 bis zu seiner Emeritierung 1999 lehrte er deutsche Sprache und Literatur an der Eidgenössisch-Technischen Hochschule Zürich, wo er 1997 das Collegium Helveticum als Forum für den Dialog zwischen den Wissenschaften mitbegründete. 1965 erschien sein erster Roman „Im Sommer des Hasen". In „Der rote Ritter" gestaltete er 1993 den Parzival-Stoff zum epischen Roman. Im Jahr darauf erhielt er den Georg-Büchner-Preis.

[54] Vgl. das Gespräch Bucheli – Muschg in der „Neuen Zürcher Zeitung" Nr. 158/2009. Bucheli, 2009

[55] Vgl. dazu Lempp, 1996, S. 149–151

[56] Helga Lemke (* 1926 in Stettin) war 1975–1989 Professorin für Psychologie und seelsorgliche Gesprächsführung am Fachbereich Religionspädagogik der evangelischen Fachhochschule Hannover.

[57] Vgl. zum ganzen Abschnitt: Eschenröder, 1999, S. 20–23

[58] www.rotenasen.at

[59] Galenos von Pergamon (geboren um 129 n. Chr. in Pergamon, gestorben um 200 in Rom); griechischer Arzt und Anatom. Begründer der „Vier-Säfte-Lehre".

[60] Vgl. Titze, 2007

[61] Freud, 1970, S. 278

[62] Ebda., S. 219

[63] Adler, 1991, S. 221

[64] Zit. n. Reich-Ranicki (Hg.), 1977, S. 218

[65] „Als Sophia Loren einmal zu Besuch in New York war, drangen Einbrecher in ihre Hotelsuite ein. Sie forderten ihren gesamten Schmuck und drohten, ihre Kinder umzubringen. Ihr blieb nicht viel übrig, als die Juwelen aus dem Tresor zu holen ... Als ich gemeint habe, daß sie wohl sehr traurig über den Verlust

ihrer Schmuckstücke gewesen sein muss, hat sie nur mit den Achseln gezuckt: ‚Weißt Du, ich habe ein Lebensmotto: Weine nie über Dinge, die nicht über Dich weinen können'." Barnard, 1999, S. 83

[66] Vgl. Ekman, 2007, S. 119

[67] Jer 20,14–18

[68] Augustinus, ^{3}1966, S. 151–153

[69] Kunze, 1986, S. 64

[70] Epikur (* Samos 341 v. Chr., † Athen 271 v. Chr.), griechischer Philosoph, gründete 306 v. Chr. in Athen in einem Garten („Kepos"), den er erworben hatte, eine eigene Schule (daher die Bezeichnung seiner Lehre als „Philosophie des Gartens"). Quelle: Brockhaus, 1988, S. 465

[71] Zit. n. Krüger, 2004, S. 31

[72] Vgl dazu Kast, 1999

[73] Vgl. ebda, S. 67–90

[74] 1 Kö 19,1–8 in der Übersetzung von Martin Buber. Buber, 1985a, S. 405–406

[75] Louis Pasteur (1822–1895), französischer Chemiker, Biologe und Mediziner, Begründer der Mikrobiologie, der sich den Kampf gegen Krankheit und Tod zu seiner Lebensaufgabe machte.

[76] Tilmann Moser, Gottesvergiftung oraler Natur. Zit. n. Eggers, 1980, S. 103–105. Tilmann Moser (* 1938) studierte Philologie, Politik und Soziologie; am Frankfurter Sigmund-Freud-Institut absolvierte er seine Ausbildung zum Psychoanalytiker, seit 1979 arbeitet er in freier Praxis als Psychoanalytiker in Freiburg. Er hat die klassische Psychoanalyse um den körperlichen Aspekt zur psychoanalytisch orientierten Körperpsychotherapie erweitert. Vielbeachteter Buchautor.

[77] Die folgenden Überlegungen verdanke ich einem Referat von Prof. Józef Niewiadomski zum Thema „O felix culpa. Zum christlichen Umgang mit Schuld", gehalten bei der Tagung der Krankenhausseelsorger in Innsbruck am 20. Oktober 1998. Józef Niewiadomski (* 11. Februar 1951 bei Lublin in Polen) ist polnisch-österreichischer Theologe. Er studierte Philosophie und Theologie an der Katholischen Universität in Lublin und

an der Theologischen Fakultät der Universität Innsbruck. 1975 wurde er in Lublin zum Priester geweiht. 1979 bis 1991 war er Assistent am Institut für Dogmatische und Ökumenische Theologie in Innsbruck, 1991 bis 1996 Professor für Dogmatik an der Theologischen Fakultät in Linz. Seit 1996 hat er dieselbe Stelle an der Universität Innsbruck inne, seit Januar 2004 ist er hier Dekan der Theologischen Fakultät. 2001 und 2004 war er Gastprofessor an der Dormition Abbey in Jerusalem.

[78] Bachmann, 1982b, S. 17

[79] John Henry Kardinal Newman (* 21. Februar 1801, † 11. August 1890), anglikanisch getauft, 1825 anglikanische Ordination, 1845 Eintritt in die katholische Kirche, 1851–1857 Rektor der Katholischen Universität Dublin, 1879 von Leo XIII. zum Kardinal ernannt, sein Wappenspruch als Kardinal lautet: *Cor ad cor loquitur* – „Herz spricht zu Herz". Einer der gebildetsten Männer seiner Zeit.

[80] Frankl, 1994, S. 71

[81] Frankl, 1994, S. 71–72

[82] Diesen Hinweis verdanke ich einem Artikel von Ulrich Greiner: „Kleiner Versuch über den Genuss". In: „Die Zeit", Nr. 28 vom 4. 7. 1997, Beilage „Wissenschaft", S. 1–5

[83] Ringel, 2000, S. 38

[84] Zit. n. ebda.

[85] Turrini, 2002, S. 61

[86] Vgl. Buber, 1965b, S. 160–161

[87] Zit. n. Müller, 1998, S. 11

[88] Handke, 1979, S. 141

[89] Gotteslob. Diözese Gurk-Klagenfurt, 1975, S. 185

[90] Ebda., S. 186

[91] „Man findet Gott nicht, wenn man in der Welt bleibt, man findet Gott nicht, wenn man aus der Welt geht. Wer mit dem ganzen Wesen zu seinem Du ausgeht und alles Weltwesen ihm zuträgt, findet ihn, den man nicht suchen kann. Gewiss ist Gott ‚das ganz Andere'; aber er ist auch das ganz Selbe: das ganz Gegenwärtige. Gewiß ist er das Mysterium tremendum, das erscheint und niederwirft; aber er ist auch das Geheimnis

des Selbstverständlichen, das mir näher ist als mein Ich." Buber, 1965, S. 80

[92] „So wahr Gott uns umfaßt und in uns wohnt: wir haben ihn in uns nie. Und wir reden mit ihm nur, wenn es in uns nicht mehr redet." Ebda., S. 106

[93] Anicius Manlius Severinus Boethius (geboren zwischen 476 und 480); er gehörte dem Kreis römischer Vornehmer an, die sich wohl als Verwaltungsbeamte dem König Theoderich zur Verfügung stellten, aber insgeheim die Wiederherstellung der römischen Herrschaft in Italien erhofften. Von seinem Herrn hochgeehrt, war er erfolgreich in dem Bemühen, ganze Provinzen oder Personen vor Unterdrückung durch ostgotische Mächtige zu schützen. Als er sich für den Konsular Albinus einsetzte, wurde gegen Boethius die Beschuldigung erhoben, er habe die *libertas Romana* wiederherstellen wollen, was als politische Konspiration mit dem oströmischen Herrscher angesehen wurde. Boethius ist nach längerer Haft auf Befehl Theoderichs des Großen wohl Ende 524 hingerichtet worden. Sein meistgelesenes und zu allen Zeiten beachtetes Werk wurde die „Consolatio philosophiae", die Boethius während seiner Inhaftierung verfasste. Der Autor wählte dabei die Form eines Dialoges, den er mit der Frau Philosophia führt. Boethius erweist sich in Aufbau und Inhalt der Schrift als genauer Kenner des antiken Bildungserbes. Seine Gedichte bleiben ganz der neuplatonischen Geistigkeit verpflichtet, die von der Nachwelt eher christlich verstanden und gedeutet wurde.
Quelle: Boethius, 1997, S. 3

[94] Ebda., S. 103

[95] Ebda., S. 333

[96] Johannes Nepomuk (tschechisch: *Jan Nepomucký*, auch *Jan z Pomuku* oder *Jan z Nepomuku*, geboren um 1350 als Johannes Welflin oder Wolfflin in Pomuk bei Pilsen, † 20. März 1393 in Prag); böhmischer Priester und Märtyrer, Heiligsprechung 1729

[97] Martin Kugler in seiner Kritik „Der Weg ins Paradies und zurück". In: „Die Presse" vom 24. 8. 2009, S. 20

[98] 1 Kö 19,9–13 in der Übersetzung von Martin Buber. Buber, 1985 a, S. 406

[99] Vgl. Sölle, 1997, S. 100–101

[100] Ebda., S. 101

[101] Manfred Tischitz (* 1947 in Oberdorf im Katschtal); Musikpädagoge, Obertonmeister, Leiter verschiedener Musikensembles, Universitätslehrgang für „Harmonikale Grundlagenforschung“ (Uni Wien).
Ursprünglich Volks- und Hauptschullehrer mit Schwerpunkt Musikerziehung. Aufbau der Musikhauptschule Gmünd in Kärnten. Lehrerfortbildungsseminare seit den 1980er Jahren. Von 1990 bis 1995 Lehrtätigkeit in Guatemala am Instituto Austriaco Guatemalteco in Guatemala City.
Heutige Schwerpunktarbeit: Obertonmusik, Improvisations- und Aktionskunst, Theater und Musik (Schwarzes Theater), Wasser und Musik. Projekt und künstlerischer Leiter des Pankratiums Gmünd „haus des staunens“.

[102] „Herzohr“ ist der Titel der CD des Ensembles MonSonA (Michael Hecher, Dagmar Pleschberger, Manfred Tischitz und Gabriele Wagner-Kari) unter der Leitung von Manfred Tischitz. Herzohr, 2009

[103] Zit. n. Kruppa, 1984, S. 92

[104] Kästner, 2004, S. 194

[105] Seneca, 1985, S. 898. Das Zitat stammt von dem römischen Schriftsteller und Philosophen Seneca (* 4 v. Chr., † 65 n. Chr.) und steht im 106. der „Briefe an Lucilius über Ethik“ („Epistulae morales ad Lucilium“). Dort heißt es tatsächlich: *Non vitae, sed scholae discimus*. Schon Seneca beklagte also, dass die Erziehung in der Schule kaum dazu geeignet sei, die jungen Menschen auf das Leben vorzubereiten – eine Klage, die sich im Lauf der Jahrhunderte kaum verändert hat. Irgendjemand meinte dann wohl, die Sache vom Pessimistischen ins Programmatische wenden zu müssen, und hat das Zitat kurzerhand umgedreht. Und weil es so schön ist, wird es seitdem in dieser Form weitergegeben, schreibt Christoph Drösser in „Die Zeit“, 32/2001, S. 26.

[106] Dtn 28,2–6 in der Übersetzung von Martin Buber. Buber, 1987, S. 545

[107] Sedulius Caelius († um 450) stammte aus Südgallien oder Italien bzw. aus Nordspanien. Vor seiner Priesterweihe studier-

te er Philosophie. Seine poetische und rhetorische Bildung gründet auf römischen Vorbildern, vor allem auf Vergil. Er verfasste zahlreiche geistliche Lieder und Hymnen, die teilweise in die kirchliche Liturgie übernommen wurden. Große Wirkung hatte sein *carmen paschale*, ein „Lied" mit 23 Strophen. Martin Luther übersetzte daraus einige Strophen für den Gemeindegesang ins Deutsche. Bis ins 17. Jh. blieb die große Wirkung der Werke des Sedulius Caelius erhalten. Quelle: Wikipedia bzw. Lexikon für Theologie und Kirche, Herder 2006, Band 9

108 Anouilh, 1975, S. 102–104

109 Thomas von Aquin (geboren um 1225 auf Schloss Roccasecca bei Aquino in Italien, † 7. März 1274 in Fossanova); Dominikaner und einer der einflussreichsten Philosophen und Theologen der Geschichte. Thomas von Aquin gehört zu den bedeutendsten katholischen Kirchenlehrern; ein Hauptvertreter der Philosophie des hohen Mittelalters, der Scholastik. Mit seinem Hauptwerk, der „Summa Theologiae", hinterließ er ein sehr umfangreiches Werk, das im Neuthomismus und der Neuscholastik bis in die heutige Zeit nachwirkt.

110 Vgl. dazu Kapellari, 1980, S. 20–22

111 Rilke, 1995, S. 199

112 Kurt Marti *1931 in Bern, Schriftsteller, Theologe, protestantischer Pastor.

113 Marti, 2001, S. 27

114 Ebda., S. 45

115 Ez 37,5–6 in der Übersetzung von Martin Buber. Buber, 1985b, S. 549

116 Greenson, 1989, S. 391

117 Handke, 1969, S. 114

118 Der Philosoph Martin Heidegger hatte der Metaphysik im Rahmen der scholastischen Theologie „Seinsvergessenheit" vorgeworfen.

119 Mettnitzer: „Auf der Suche nach der Seele. Zu Erwin Ringels 10. Todestag am 27. Juli 2004". In: „VIP Nachrichten 1/2004", S. 16–23

[120] Lukan: „Zur Notwendigkeit der Unterscheidung von Seele und Psyche". In: „VIP Nachrichten 2/2004", S. 22–24

[121] Guardini, 1985, S. 92

[122] Werner Hofmeister (* 1951) lebt in Klein St. Paul/Kärnten; Quellensucher, Einbuchstabenschreiber, Leiter des Museums für Quellenkultur in Klein St. Paul, Konzeptkünstler, bemerkenswerte Arbeiten auf öffentlichen Plätzen und in kirchlichen Räumen.

[123] Vgl. Ringel, 1988, S. 202–203

[124] Interview mit Kiki Kogelnik von Christian K. Narkiewicz-Laine. In: „Chicago Athenaeum", 1996, S. 1

[125] Kern & Vanderlet, 1991, ORF 2, 26. 10. 1991, Dauer: 57'20"

[126] Fromm, 1980

[127] Meister Eckart (1260–1328), Philosoph und Theologe, Dominikaner, wurde 1302 Magister der Universität Paris, deshalb „Meister", lehrte zwischen 1311 und 1326 in Paris, Straßburg und Köln.

[128] Karl Marx (1818–1883), deutscher Philosoph und politischer Journalist und Kritiker der bürgerlichen Gesellschaft. Marx strebte eine wissenschaftliche Analyse und Kritik des Kapitalismus an. Gilt als einflussreichster Theoretiker des Sozialismus und des Kommunismus.

[129] Vgl. Fromm, 1980, S. 21

[130] E. Jahn und A. Adler, 1933, S. 59 bzw. K. H. Witte (Hrsg.), 2008, S. 197–198)

[131] Vgl. Buber, Das dialogische Prinzip, 1965, S. 169

Der Autor

Arnold Mettnitzer, geboren 1952 in Gmünd (Kärnten), Studium der Theologie in Wien und Rom (Dr. theol.), 1979–2001 Seelsorger in der Diözese Gurk-Klagenfurt.

Ab 1991 Lehranalyse bei Erwin Ringel und Ausbildung zum Psychotherapeuten in Wien. Seit 1996 Psychotherapeut in freier Praxis in Wien. 2003 Verzicht auf den Dienst im Rahmen der kirchlichen Seelsorge. Freier Mitarbeiter des ORF und Stellvertretender Vorsitzender des ORF-Publikumsrates. Zahlreiche Vorträge und Seminare zu Fragen der Lebensqualität und seelischen Gesundheit. Im Styria Verlag erschien von ihm 2008 der Band „Couch & Altar. Erfahrungen aus Psychotherapie und Seelsorge". (Foto: Claudia Prieler)

Coverbild: Gottfried Mayrwöger, Lanson
Öl auf Leinwand, 1983, 141 x 148 cm

Bild Seite 132: Dr. S. Hartwagner, Klagenfurt

ISBN 978-3-222-13270-4

Umschlag- und Buchgestaltung: Bruno Wegscheider
Layout und Produktion: Alfred Hoffmann
Reproduktion: Pixelstorm, Wien
Druck und Bindung: CPI BOOKS GmbH, Pohořelice